现代会计学精品系列教材

旅游餐饮服务企业会计
习题与解答

丁元霖　主编

清华大学出版社
北京交通大学出版社
·北京·

内 容 简 介

本习题集是根据清华大学出版社和北京交通大学出版社联合出版的《旅游餐饮服务企业会计》中所附的思考题和实务题改编而成的。

本书内容包括旅游餐饮服务企业的旅游经营业务、餐饮经营业务及客房、美容、广告、沐浴、洗染、照相、修理、娱乐经营业务核算的习题与解答，以及这些企业的货币资金和估算业务，存货、固定资产、无形资产和长期待摊费用业务，对外投资、负债和所有者权益业务，期间费用、政府补助、税金、利用业务的核算和财务报表的编制和分析的习题与解答；最后配有两套考试题与解答。

图书在版编目(CIP)数据

旅游餐饮服务企业会计习题与解答/丁元霖主编 . —北京:清华大学出版社；北京交通大学出版社，2012.4

（现代会计学精品系列教材）

ISBN 978－7－5121－0956－8

Ⅰ.①旅…　Ⅱ.①丁…　Ⅲ.①服务业－会计－题解　Ⅳ.①F719－44

中国版本图书馆 CIP 数据核字(2012)第 056885 号

责任编辑：郭东青

出版发行：清 华 大 学 出 版 社　　邮编：100084　　电话：010－62776969
　　　　　北京交通大学出版社　　邮编：100044　　电话：010－51686414
印　刷　者：北京瑞达方舟印务有限公司
经　　销：全国新华书店
开　　本：185×260　　印张：10.25　　字数：256 千字
版　　次：2012 年 4 月第 1 版　　2012 年 4 月第 1 次印刷
书　　号：ISBN 978－7－5121－0956－8/F·994
印　　数：1～3 000 册　　定价：19.00 元

本书如有质量问题，请向北京交通大学出版社质监组反映。对您的意见和批评，我们表示欢迎和感谢。
投诉电话：010－51686043，51686008；传真：010－62225406；E-mail：press@bjtu.edu.cn。

前　言

为了满足教师教学和学员学习的需要，按照旅游餐饮服务企业会计的教学要求编写了本书。本书是在清华大学出版社和北京交通大学出版社联合出版的《旅游餐饮服务企业会计》中所附的思考题和实务题的基础上改编而成的。

本书习题部分的题型分为思考题和实务题。思考题又分为是非题、单项选择题和多项选择题。实务题又分为分录题、计算题和编表题。最后为考试题。这样安排既有利于教师根据不同层次教学进程的需要选用，又有利于学员加深理解、巩固和融会贯通，且便于学员自测。

通过这些习题练习，可以使学员较好地掌握旅游餐饮服务企业会计的理论知识和核算方法，有利于学员基本技能的训练，培养和提高学员的动手能力和分析问题、解决问题的能力。

本书由丁元霖、刘芳源、丁辰、刘骥、杨炜之、潘桂群、吴峥和傅秋菊编写，并由丁元霖主编并定稿审阅。

由于水平有限，缺点错误在所难免，恳请广大读者批评指正。

编　者
2012 年 4 月

目 录

习 题 部 分

第一章 总 论

思 考 题

一、是非题

1. 旅游餐饮服务企业会计具有核算和监督两大职能。　　　　　　　（　　）
2. 会计监督是会计核算的基础，而会计核算则是会计监督的继续。　（　　）
3. 谨慎性是指企业对交易或事项进行会计确认、计量和报告应当保持应有的谨慎，不应高估负债或者费用，低估资产或者收益。　　　　　　　　　　　　（　　）
4. 会计要素由资产、负债、所有者权益、收入和费用组成。　　　　（　　）
5. 负债是企业筹措资金的重要渠道，它实质上反映了企业与债务人之间的一种债权债务关系。　　　　　　　　　　　　　　　　　　　　　　　　　　（　　）
6. 所有者权益包括企业投资者对企业的投入资本、资本公积和留存收益等。（　　）

二、单项选择题

1. 可理解性会计信息质量要求是指企业提供的_____，应当清晰明了。
   A. 会计记录　　　B. 财务报告　　　C. 会计信息　　　D. 会计资料
2. 资产是指企业过去的交易或者事项形成的、由企业拥有或者控制的、预期会给企业带来经济利益的资源。它包括_____。
   A. 各种财产　　　　　　　　　　　B. 各种财产和债权
   C. 各种财产和其他权利　　　　　　D. 各种财产、债权和其他权利
3. 所有者权益是指企业的资产扣除负债后，由_____享有的剩余利益。
   A. 国家　　　　　B. 所有者　　　C. 企业职工　　　D. 国家和企业投资人

三、多项选择题

1. 会计的核算职能是指将旅游餐饮服务企业已经发生的个别的、大量的经济业务，通过确认、计量、记录、_____，转化为全面、连续、系统的会计信息，以反映旅游餐饮服务企业经济活动的全过程及其结果。
   A. 报告　　　　　B. 分析　　　　C. 比较　　　　　D. 汇总
2. 会计的基本假设包括会计主体、_____等内容。
   A. 会计分期　　　B. 自主经营　　C. 货币计量　　　D. 持续经营
3. 会计信息质量要求包括相关性、可理解性、重要性、谨慎性、_____和及时性。
   A. 实质重于形式　B. 可靠性　　　C. 持续性　　　　D. 可比性
4. 旅游餐饮服务企业的会计科目按照其反映的经济内容不同，可划分为资产类、负债类和_____。
   A. 所有者权益类　B. 损益类　　　C. 成本类　　　　D. 费用类

第二章 货币资金和结算业务

思 考 题

一、是非题

1. 货币资金是企业生产经营资金在循环周转过程中，停留在货币形态的资金，它由现金、备用金和银行存款组成。 （ ）

2. 库存现金是指企业为了备付日常零星开支而保管的现金，它包括人民币和外币。 （ ）

3. 企业可以在其他银行的一个营业机构开立一个一般存款账户，该账户可以办理转账结算和存入现金，但不能支取现金。 （ ）

4. 票据和结算凭证是办理转账结算的工具。 （ ）

5. 银行对签发空头支票及签章与预留印章不符的支票，除予以退票外，并按票面金额处以5%，但不低于1 000元的罚款，同时出票人要支付持票人2%的赔偿金。 （ ）

6. 支票的提示付款期限为10天，自出票的次日起算。 （ ）

7. 银行汇票的法定付款提示期限为出票日起1个月。 （ ）

8. 商业汇票的付款期限最长不超过9个月。 （ ）

9. 带息商业汇票贴现时，其实收贴现值有可能大于其票面值，也可能小于其票面值。 （ ）

10. 企业银行存款日记账与银行对账单核对不符的原因就是存在未达账项。 （ ）

11. 外币是指本国货币以外的其他国家和地区的货币。它是外汇的组成部分。 （ ）

12. 买入汇率或卖出汇率是指客户向银行买入外汇或客户向银行卖出外汇时所使用的汇率。 （ ）

二、单项选择题

1. 具有清算及时、使用方便、收付双方都有法律保障和结算灵活特点的票据是_____。
   A. 支票　　　　　B. 银行本票　　　　C. 银行汇票　　　　D. 商业汇票

2. 具有信誉度高、支付能力强，并有代替现金使用功能特点的票据是_____。
   A. 支票　　　　　B. 银行本票　　　　C. 银行汇票　　　　D. 商业汇票

3. 仅适用于商品交易及因商品交易而发生的劳务供应的结算方式有_____。
   A. 银行本票　　　B. 商业汇票　　　　C. 委托收款　　　　D. 托收承付

4. 同城和异地均能采用的票据有_____。
   A. 支票　　　　　B. 银行本票　　　　C. 银行汇票　　　　D. 商业汇票

5. 具有结算金额起点限制的结算方式是_____。

    A. 银行本票   B. 银行汇票   C. 托收承付   D. 委托收款

6. 金额和收款人名称可以授权他人补记的票据是_____。

    A. 支票   B. 银行本票   C. 商业汇票   D. 银行汇票

7. 企业发生外币业务时，在按外币原币记账外，还应按外币交易日的_____将外币金额折算为记账本位币金额记账。

    A. 买入汇率   B. 即期汇率   C. 中间汇率   D. 历史汇率

三、多项选择题

1. 企业应坚持"钱账分管"的内部控制制度，出纳人员除了负责现金的收付、保管及登记现金日记账外，不得兼办_____。

    A. 费用、收入账簿的登记工作   B. 债务、债权账簿的登记工作

    C. 稽核工作   D. 会计档案的保管工作

2. 按企业的银行存款账户分，可分为_____。

    A. 基本存款账户   B. 一般存款账户

    C. 临时存款账户   D. 专用存款账户

3. 转账结算具有方便、_____的特点。

    A. 通用   B. 灵活   C. 迅速   D. 安全

4. 异地可使用的票据和结算凭证有_____。

    A. 银行本票   B. 银行汇票   C. 商业汇票   D. 托收承付

    E. 委托收款   F. 汇兑

5. 通过"其他货币资金"账户核算的结算方式有_____。

    A. 银行本票   B. 银行汇票   C. 商业汇票   D. 信用卡

6. 货币性资产项目包括库存现金、银行存款、_____等。

    A. 应收账款   B. 其他应收款   C. 交易性金融资产   D. 固定资产

7. 企业期末采用即期汇率折算而产生汇兑差额的外币项目有_____等。

    A. 银行存款   B. 应收账款   C. 存货   D. 应付账款

实 务 题

习题一 练习货币资金的核算

一、资料 申江旅行社 1 月上旬发生下列有关的经济业务。

1. 2 日，签发现金支票提取现金 2 000 元。

2. 2 日，以现金分别拨付业务部门和总务部门备用金 1 000 元。

3. 8 日，业务部门送来报账发票，其中招待客户用餐费 450 元，市内交通费 180 元，复印纸 60 元，快递费 150 元，经审核无误，当即以现金补足其备用金定额。

4. 10 日，总务部门送来报账发票，其中：账页 120 元，保险箱修理费 180 元，市内交通费 136 元，快递费 90 元，印制单证 360 元，经审核无误，当即补足其备用金定额。

二、要求 编制会计分录。

习题二 练习票据和信用卡结算的核算

一、资料 新沪宾馆3月份发生下列有关的经济业务。

1. 1日，向大丰粮油公司购进大米1 500千克，每千克3.60元，共计5 400元，当即签发转账支票付讫。

2. 3日，为江浦公司提供客房服务收入3 780元，收到转账支票，当即存入银行。

3. 5日，签发现金支票1 200元，提取现金。

4. 8日，填制银行汇票申请书一份，金额180 000元，银行受理后，收到同等数额的银行汇票。

5. 10日，向大昌客车厂购进大客车2辆，计价款175 000元，款项以面额180 000元的银行汇票支付，余款尚未退回。

6. 12日，银行转来多余款收账通知，金额为5 000元，系本月8日签发的银行汇票使用后的余款。

7. 14日，向安远工艺品公司购进各种工艺品20件，计价款27 000元，当即签发并承兑了3个月期的带息商业汇票抵付。该汇票月利率为6‰。

8. 15日，收到黄兴公司签发并承兑的带息商业汇票，金额为17 100元，期限为45天，月利率为6‰，系支付租用本宾馆客房和会议室的费用。

9. 18日，存入信用卡备用金15 000元，发生开户费40元，一并签发转账支票付讫。

10. 20日，向沪光副食品公司购进猪肉，计价款7 600元，以信用卡存款付讫。

11. 22日，45天前签发给东风公司的带息商业汇票一张，已经到期，金额为15 000元，月利率为6‰，当即从存款户中兑付本息。经查该汇票上月底已预提过利息。

12. 24日，将上月24日收到的期限为3个月的不带息商业汇票一张，金额为18 000元，向银行申请贴现，月贴现率为6.3‰，银行审查后同意贴现，并将贴现金额存入银行。

13. 26日，为新欣公司提供客房服务收入6 600元，采用信用卡结算，信用卡结算手续费率为9‰，当即将签购单和计汇单存入银行。

14. 28日，将上月28日收到的3个月期限的带息商业汇票一张，向银行申请贴现，月贴现率6.3‰。该汇票金额为19 200元，月利率为6‰。银行审查后同意贴现，并将贴现金额存入银行。

15. 31日，计提本月14日签发给安远工艺品公司的带息商业汇票的利息。

16. 31日，计提本月15日收到的黄兴公司付来的带息商业汇票的利息。

二、要求 编制会计分录。

习题三 练习转账结算的核算

一、资料 武昌饭店6月份发生下列有关的经济业务。

1. 2日，向上海汽车厂函购小汽车1辆，填制电汇结算凭证，汇出款项200 000元。

2. 5日，电汇大连工商银行25 000元，开立采购专户。

3. 8日，从大连养殖场购进干贝、海参等各种海鲜一批，价款22 500元，海鲜的运杂费420元，一并以本月5日在大连开立的采购专户支付。

4. 10日，收到银行转来信汇收款通知一份，金额为3 600元，系中原公司汇来的预订客房和会议室的款项。

    5. 12 日，大连采购专户已结清，余款已退回存入银行。

    6. 15 日，上海汽车厂发来函购的小汽车 1 辆，并收到其附来的发票和运输费凭证，开列价款 196 000 元，运输费 800 元，余款 3 200 元也已汇回，存入银行。

    7. 20 日，中原公司客人离店，应向其收取租用客房和会议室费用 3 750 元，扣除其在本月 10 日汇入的 3 600 元的预订款后，再向其收取现金 150 元，以结清其预订款。

    8. 25 日，银行转来青岛水产公司托收承付结算凭证，金额为 18 800 元，并附来发票一张，开列鱼翅一批，计价款 18 000 元；运杂费凭证一张，金额为 800 元。经审核无误，当即承付。

    9. 28 日，银行转来自来水公司特约委托收款凭证付款通知联，金额为 1 200 元，系支付本月份自来水费，其中：业务部门耗用 1 000 元，行政管理部门耗用 200 元。

    二、要求　编制会计分录。

习题四　练习编制银行存款余额调节表

    一、资料　静安饭店 4 月 29—30 日银行存款日记账和银行对账单内容如图表 2-1 和图表 2-2 所示。

图表 2-1

银行存款日记账

单位：元

2010 年 月	2010 年 日	凭证号数	摘　要	收　入	付　出	结　存
4	28		承上页			147 160
	29		支付设备款（转支#33422）		24 600	122 560
	29		汇出函购材料款（电汇）		19 600	102 960
	29	（略）	支付材料账款（转支#33423）		7 120	95 840
	30		收到客房款（电汇）	14 510		110 350
	30		提现（现支#11336）		1 500	108 850
	30		电费（特约委托收款）		2 310	106 540
	30		收到客房款（转支#66294）	18 840		125 380
	30		营业款解行	9 880		135 260

图表 2-2

银行对账单

单位：元

2010 年 月	2010 年 日	摘　要	借　方	贷　方	借或贷	余　额
4	28	承上页			贷	147 160
	29	电汇（函购材料）	19 600		贷	127 560
	29	特约委托收款（电费）	2 310		贷	125 250
	29	转支#33422（支付设备款）	24 600		贷	100 650
	29	电汇（收到客房款）		14 510	贷	115 160
	30	提现	1 500		贷	113 660
	30	营业款解行		9 880	贷	123 540
	30	短期借款计息单	5 670		贷	117 870
	30	特约委托收款（水费）	840		贷	117 030

二、要求

（一）将银行存款日记账与银行对账单逐笔核对，找出未达账项。

（二）编制银行存款余额调节表，验算企业与银行双方账目是否相符。

习题五 练习外币业务的核算

一、资料

（一）浦江公司1月1日"银行存款——美元户"明细账余额为16 000美元，当日美元汇率为6.82，折合人民币为109 120元。

（二）1月份发生下列有关的外币业务。

1. 5日，向美国迪克公司进口音响设备一套，账款9 000美元，以美元存款付讫，当日汇率为6.81。音响设备已验收使用。

2. 12日，收到德国莱茵旅行社付给本宾馆下属旅行社安排其组团来我国旅游的账款28 000美元，当日汇率为6.81。

3. 15日，从美元账户提取美元7 500元，备发外籍人员工资，当日汇率为6.82。

4. 20日，从美元账户支取4 500美元，兑换成人民币存入银行，当日买入汇率为6.81，中间汇率为6.83。

5. 26日，收到亨特公司偿还前欠账款6 000美元，当日汇率为6.82。

6. 31日，今日美元汇率为6.81，调整本月份"银行存款——美元户"明细账的余额。

二、要求

（一）根据"资料（二）"，编制会计分录。

（二）根据"资料（一）"和编制的会计分录，开设并逐笔登记"银行存款日记账——美元户"明细账。

第三章 存 货

思 考 题

一、是非题

1. 在产品是指企业正在进行加工尚未完工的产品。 （　）
2. 低值易耗品是指企业购入的使用期限较短的，并且单位价值较低的，能够多次使用而不改变原有实物形态的各种用具和物品。 （　）
3. 物料用品是指企业用于经营业务、日常维修、劳动保护方面的材料、零配件及日常用品、办公用品和包装用品等。 （　）
4. 原材料的采购费用包括运杂费、装卸费、运输途中的合理损耗及税金。 （　）
5. 原料及主要材料盘点的目的是清查其数量上有无短缺损耗和溢余，在质量上有无残次、损坏、变质等情况。 （　）
6. 低值易耗品的摊销和修理均应根据使用部门的不同，分别列入"销售费用"和"管理费用"账户。 （　）
7. 采用五五摊销法，核算手续较为复杂，但便于控制使用中的实物，它适用于价值较高、使用期较长的低值易耗品。 （　）

二、单项选择题

1. _____是指经过生产加工后构成产品实体的各种原料和材料。
   A. 原材料　　　　B. 委托加工材料　　　C. 原料及主要材料　　　D. 辅助材料
2. _____不是原材料。
   A. 原料及主要材料　　　　　　　B. 燃料
   C. 低值易耗品　　　　　　　　　D. 物料用品
3. 计算原材料耗用成本最符合实际的方法是_____。
   A. 个别计价法　　　　　　　　　B. 综合加权平均法
   C. 先进先出法　　　　　　　　　D. 移动加权平均法
4. 原材料的期末结存金额接近市场价格的计价方法是_____。
   A. 个别计价法　　　　　　　　　B. 综合加权平均法
   C. 先进先出法　　　　　　　　　D. 移动加权平均法

三、多项选择题

1. 在旅游餐饮服务企业的生产经营活动过程中，存货处在不断地被_____之中。
   A. 销售　　　　B. 重置　　　　C. 投资　　　　D. 耗用
2. 存货可分为原材料、低值易耗品、_____等。

A. 库存商品　　　　B. 在产品　　　　C. 委托加工物资　　　　D. 产成品

3. 原材料的实际成本由_____组成。

A. 含税价格　　　　B. 买价　　　　C. 运杂费　　　　D. 采购费用

4. 原料及主要材料发生盘亏，查明原因并经批准后，根据不同的情况分别转入____等有关账户。

A. 销售费用　　　　B. 管理费用　　　　C. 营业外支出　　　　D. 其他应收款

5. 旅游餐饮服务企业领用燃料，应根据燃料的用途和领用的部门不同，分别列入____账户。

A. 主营业务成本　　　B. 销售费用　　　C. 管理费用　　　　D. 营业外支出

实 务 题

习题一　练习原料及主要材料的核算

一、资料

（一）新城饭店4月份发生下列有关的经济业务。

1. 2日，银行转来黄海养殖场的托收凭证，并附来专用发票。开列海参120千克，每千克320元，计货款38 400元，增值税额6 528元，运杂费凭证费312元，经审核无误后，当即承付。

2. 5日，仓库转来入库单，向黄海养殖场购进的120千克海参已验收入库。

3. 8日，向冠农粮油公司购进粳米和精白面粉取得普通发票，列明粳米500千克，每千克3.80元，金额1 900元；精白面粉800千克，每千克4.10元，金额3 280元，账款尚未支付，粳米和精白面粉已验收入库。

4. 12日，向顺昌副食品公司购进牛肉取得普通发票，列明牛肉30千克，每千克36元，金额1 080元，账款以现金支付，牛肉已由厨房直接验收领用。

5. 18日，向三阳食品公司购进黑木耳取得普通发票，列明黑木耳30千克，每千克80元，计2 400元，账款以转账支票付讫，黑木耳已验收入库。

6. 25日，仓库送来原料及主要材料盘点短缺溢余报告单如图表3-1所示。

图表3-1

原料及主要材料盘点短缺溢余报告单

2010年4月25日　　　　　　　　　　　　　　　　　金额单位：元

品　名	计量单位	单　价	账存数量	实存数量	短缺 数量	短缺 金额	盘盈 数量	盘盈 金额	原因
海参	千克	6.00	90	89	1	377.00			
精白面粉	千克	4.10	320	310	10	41.00			待查
粳米	千克	3.80	180	185			5	19.00	
合　计	—	—	—	—	—	418.00	—	19.00	

7. 26日，今查明本月25日短缺的精白面粉与溢余的粳米系发料过程中的差错，经批准予以核销转账。

8. 28 日，今查明本日 25 日短缺的海参系保管员失职所造成，经批准其中 100 元予以核销转账，其余部分责成保管员赔偿。

9. 30 日，本月份共领用粳米、精白面粉等粮食类材料 4 980 元，海参、黑木耳等干货类材料 21 660 元，予以转账。

（二）沪光饭店 2 月份精白面粉的期初余额，收发业务的有关资料如图表 3-2 所示。

图表 3-2

本月份精白面粉期初余额及收发料资料

金额单位：元

期 初 余 额						
材料类别	编 号	品 名	计量单位	数 量	单 价	金 额
粮食类	102	精白面粉	千克	900	4.00	3 600.00

本月份收发业务资料						
2010 年		业务号数	购 进			发出数量	盘亏数量

月	日	业务号数	数 量	单 价	金 额	发出数量	盘亏数量
2	4					300	
	10					400	
	14		1 200	4.05	4 860.00		
	16					450	
	20					350	
	25		1 000	4.10	4 100.00		
	27					400	
	28						5

二、要求

（一）根据"资料（一）"编制会计分录。

（二）根据"资料（二）"，分别用先进先出法、移动加权平均法和综合加权平均法计算并结转耗用精白面粉的成本。

习题二　练习其他原材料的核算

一、资料　新世界饭店 2010 年 4 月份发生下列有关的经济业务。

1. 2 日，银行转来新泰煤炭公司的托收凭证，并附来专用发票，开列煤 10 吨，每吨 480 元，计货款 4 800 元，增值税额 816 元，运杂费凭证 274 元，经审核无误，当即承付。

2. 5 日，仓库转来入库单，向新泰煤炭公司购进的 10 吨煤已验收入库。

3. 10 日，向五丰粮油公司购进豆油取得普通发票，开列豆油 10 桶，每桶 38 元，金额 380 元，以现金支付，豆油已验收入库。

4. 15 日，厨房领用豆油 3 桶，每桶 38 元；鸡精 2 袋，每袋 12.50 元，予以转账。

5. 20 日，购进饭碗 200 只，每只 3.20 元；盘子 250 只，每只 5.50 元，取得普通发票，款项以转账支票支付，餐具也已验收入库。

6. 25 日，购进洗衣粉 50 袋，每袋 15 元；洗洁精 30 瓶，每瓶 3 元，取得普通发票，款项以现金支付，物品已验收入库。

7. 30 日，餐饮部门耗用煤 6 吨，行政管理部门耗用煤 1 吨，每吨 589 元，予以转账。

8. 总务部门交来耗用物料用品汇总表如图表 3-3 所示。

图表 3-3

耗用物料用品汇总表

2010 年 4 月 30 日　　　　　　　　　　　　　金额单位：元

品　名	计量单位	数　量	单　价	金　额	领用部门	用　途
电子节能灯	只	25	12.00	300.00	餐饮部门	照明
电子节能灯	只	6	12.00	72.00	行政管理部门	照明
日光灯管	支	6	12.50	75.00	行政管理部门	照明
杯子	只	80	2.60	208.00	餐饮部门	营业
饭碗	只	50	3.20	160.00	餐饮部门	营业
盘子	只	60	5.50	330.00	餐饮部门	营业
调羹	只	100	1.20	120.00	餐饮部门	营业
洗洁精	瓶	3	3.00	9.00	餐饮部门	洗涤餐具
洗衣粉	袋	4	15.00	60.00	餐饮部门	洗涤工作服
护套线	米	120	4.00	480.00	行政管理部门	调换旧电线
开关	只	8	6.00	48.00	行政管理部门	调换旧开关
复印纸	封	2	25.00	50.00	行政管理部门	办公
信纸	本	8	6.50	52.00	行政管理部门	办公
信封	扎	10	7.50	75.00	行政管理部门	办公
账页	封	8	10.00	80.00	行政管理部门	记账
发票	本	36	9.00	324.00	营业部门	营业

二、要求　编制会计分录。

习题三　练习低值易耗品的核算

一、资料　永安宾馆 2010 年 3 月份发生下列有关的经济业务。

1. 2 日，向申光床上用品厂订购被套 600 条，每条含税价格 35.10 元，共计 21 060 元，合同规定先预付 40% 的定金，20 天后交货时，再支付其余 60% 的账款。

2. 6 日，购进落地灯收到普通发票，开列落地灯 25 只，每只 110 元，共计 2 750 元，款项签发转账支票付讫，落地灯已验收入库。

3. 10 日，客房部领用本月 6 日购进的落地灯 25 只，采用五五摊销法摊销。

4. 15 日，购进热水瓶收到普通发票开列热水瓶 40 只，每只 30 元，共计 1 200 元，款项签发转账支票付讫，热水瓶已验收入库。

5. 18 日，领用本月 15 日购进的热水瓶 20 只，采用一次摊销法摊销。

6. 22 日，收到申光床上用品厂发来的 600 条被套，并收到专用发票，计货款 18 000 元，增值税额 3 060 元，当即签发转账支票支付其余 60% 的账款，被套已验收入库。

7. 24 日，客房部领用 22 日入库的被套 300 条，用五五摊销法摊销。

8. 25 日，以现金支付客房部吸尘器修理费 360 元，支付行政管理部门的打印机修理费 220 元。

9. 26 日，客房部和行政管理部门各报废吸尘器 1 台，每台账面原值 360 元，已摊销了 50%，每台残料估价 30 元，已验收入库。

10. 27 日，行政管理部门盘点低值易耗品，发现短缺自行车 1 辆，该自行车原值 250 元，已摊销了 50%，予以转账。

11. 29 日，出售客房部使用的旧落地灯 25 只，该批落地灯账面原值每只 100 元，已摊销了 50%，每只按 30 元出售，价款 750 元，已收到转账支票，存入银行。

12. 31 日，今查明本月 27 日盘点短缺的自行车系失窃，经领导批准作为企业损失处理，予以转账。

二、要求 编制会计分录。

第四章 固定资产、无形资产和长期待摊费用

思 考 题

一、是非题

1. 外购的固定资产应按照购买价款、相关税费、使固定资产达到预定可使用状态前所发生的运输费、装卸费、安装费和专业人员服务费等计量。 （　）

2. 固定资产净额可以反映企业固定资产的实有价值。 （　）

3. 企业接受投资者投入的固定资产，应按投资合同或协议约定的价值，借记"固定资产"账户，贷记"实收资本"账户。 （　）

4. 应计折旧额是指应当计提的固定资产损耗的价值。 （　）

5. 企业除了按规定单独估价作为固定资产入账的土地外，所有的固定资产都应计提折旧。 （　）

6. 固定资产可收回金额应当根据固定资产的公允价值减去处置费用后的净额与资产预计未来现金流量的现值两者之间的较高者确定。 （　）

7. 已计提减值准备的固定资产在以后会计期间其价值回升时，可以在原已计提减值金额的范围内予以转回。 （　）

8. 固定资产减值损失确认后，减值资产的折旧应当在未来期间作相应的调整。 （　）

9. 固定资产报废时，如清理收入大于清理费用，其差额应列入"营业外收入"账户。 （　）

10. 专利权和非专利技术均受到国家法律的保护。 （　）

11. 使用寿命有限的无形资产应当在使用寿命内系统合理摊销；使用寿命不确定的无形资产不应摊销。 （　）

12. 企业出售无形资产需要转销其账面价值，而出租无形资产则不需要转销其账面价值，此外，在核算上没有什么区别。 （　）

13. 长期待摊费用包括固定资产改良支出和其他长期待摊费用。 （　）

二、单项选择题

1. 企业采用加速折旧法是为了_____。
   A. 在较短的时间内收回固定资产的全部投资
   B. 合理地提取固定资产折旧
   C. 在近期内减少企业的利润
   D. 在较短的时间内收回固定资产的大部分投资

2. 对于各月使用程度相差较大的设备采用_____最合理。
   A. 年限平均法　　　B. 工作量法　　　C. 年数总和法　　　D. 双倍余额递减法

3. 固定资产发生盘盈时应根据_____记入"固定资产"账户。

A. 原始价值 　　　　　　　　　　 B. 净额

C. 市场价格减去估计的价值损耗 　　 D. 净值

4. 固定资产发生盘亏时应根据_____转入"待处理财产损溢"账户。

A. 原始价值 　　 B. 净值 　　 C. 市场价格 　　 D. 净额

5. _____是指被获准在一定区域和期限内，以一定的形式生产经营某种特定商品或劳务的专有权利。

A. 专利权 　　 B. 非专利技术 　　 C. 著作权 　　 D. 特许权

6. _____是指先进的、未公开的、未申请专利的、可带来经济利益的技术、资料、技能和知识等。

A. 专利权 　　 B. 非专利技术 　　 C. 商标权 　　 D. 著作权

三、多项选择题

1. 固定资产按其经济用途可分为_____。

A. 生产经营用固定资产 　　　　　 B. 自有固定资产

C. 融资租入固定资产 　　　　　　 D. 非生产经营用固定资产

2. 企业在确定固定资产折旧使用寿命时，应考虑的因素有该资产的_____。

A. 预计无形损耗 　　　　　　　　 B. 预计有形损耗

C. 预计生产能力或实物产量 　　　 D. 有关资产使用的法律或类似的限制

3. 计提固定资产折旧的范围有_____。

A. 当月增加的固定资产 　　　　　 B. 当月减少的固定资产

C. 大修理停用的固定资产 　　　　 D. 作为土地入账的固定资产

4. 通过固定资产清理账户核算的有_____。

A. 报废、毁损的固定资产 　　　　 B. 盘亏的固定资产

C. 出售的固定资产 　　　　　　　 D. 投资转出的固定资产

5. 列入"营业外支出"账户的业务有_____。

A. 固定资产报废净损失 　　　　　 B. 固定资产计提减值准备

C. 固定资产出售净损失 　　　　　 D. 经核准固定资产盘亏损失

6. 固定资产的后续支出包括对现有的固定资产进行扩建、_____。

A. 改建 　　 B. 重建 　　 C. 改良 　　 D. 维护

7. 企业确认无形资产必须同时满足_____的条件。

A. 该无形资产不具备实物形态

B. 与该无形资产有关的经济利益很可能流入企业

C. 该无形资产所提供的经济利益具有不确定性

D. 该无形资产的成本能够可靠地计量

8. 无形资产有专利权、商标权、土地使用权、_____等。

A. 非专利技术 　　 B. 特许权 　　 C. 商誉 　　 D. 著作权

实 务 题

习题一　练习固定资产取得的核算

一、资料

天成宾馆 6 月份发生下列有关的经济业务。

1. 5 日，向天津复印机厂购进复印机 1 台，专用发票上列明买价 14 000 元，增值税额 2 380 元，运输费 220 元，款项一并从银行汇付对方，复印机也已运到，达到预定可使用状态，并验收使用。

2. 11 日，向广州空调器厂购进中央空调 1 台，专用发票上列明买价 110 000 元，增值税额 18 700 元，款项已签发转账支票支付，中央空调也已验收入库。

3. 16 日，昌明安装公司领用中央空调进行安装。

4. 20 日，接受卢湾公司投入客房 1 幢，该客房按投资合同约定的 780 000 元计量入账。

5. 25 日，以转账支票支付昌明安装公司中央空调安装费 3 300 元。

6. 26 日，中央空调安装完毕，已达到预定可使用状态，验收使用。

7. 30 日，收到外商捐赠的设备一台，根据提供的发票、报关单等凭证表明设备的买价为 60 000 元，增值税额 10 200 元，签发转账支票支付设备的运输费、手续费计 960 元。设备已达到预定可使用状态，验收使用。

二、要求　编制会计分录。

习题二　练习固定资产折旧的核算

一、资料

（一）昌盛宾馆 3 月 1 日有关固定资产明细账户的资料如图表 4-1 所示。

图表 4-1

固定资产明细账有关资料

单位：元

固定资产名称	计量单位	数　　量	原始价值	预计使用寿命/年	预计净残值率/%	月折旧额	使用部门
客房	幢	1	956 000	40	4		业务
餐厅	间	1	180 000	40	4		业务
办公室	间	1	175 000	40	4		行政管理
小汽车	辆	1	120 000	8	5		行政管理
大客车	辆	1	180 000	5	5		业务
计算机	台	5	40 000	4	4		业务
合　　计			1 651 000				

（二）接着发生下列有关的经济业务。

1. 3 月 20 日，购入复印机 1 台，买价 15 000 元，增值税额 2 550 元，款项以转账支票支付。该复印机预计使用 4 年，预计净残值率为 4%，复印机已由行政管理部门验收使用。

2. 3 月 31 日，计提本月份固定资产折旧额。

3. 4 月 30 日，计提本月份固定资产折旧额。

二、要求

（一）根据"资料（一）"和"资料（二）"，用年限平均法计算各项固定资产的折旧额，并编制会计分录。

（二）根据"资料（一）"和"资料（二）"，分别用双倍余额递减法和年数总和法计算大客车和复印机的年折旧额。

习题三　练习固定资产折旧和后续支出的核算

一、资料

（一）申达宾馆 3 月 1 日各类固定资产如图表 4-2 所示。

图表 4-2

固定资产明细账有关资料

单位：元

固定资产类别	原始价值	年折旧率/%	使用部门
钢筋水泥结构房屋	4 560 000	2.38	业务
钢筋水泥结构房屋	755 000	2.38	行政管理
空调设备	128 000	9.50	业务
空调设备	22 000	9.50	行政管理
交通运输工具	180 000	11.88	业务
交通运输工具	150 000	11.88	行政管理
娱乐设备	80 000	10.56	业务
管理设备	36 000	10.56	行政管理

（二）该宾馆又发生下列有关的经济业务。

1. 3 月 1 日，将餐厅委托恒丰建筑公司进行扩建，该餐厅的原始价值为 600 000 元，已提折旧 200 000 元，予以转账。

2. 3 月 2 日，将客房进行装修，预付新丰装潢公司客房装修工程款的 40%，计金额 48 000 元。

3. 3 月 15 日，签发转账支票支付恒丰建筑公司扩建餐厅款 260 000 元。

4. 3 月 25 日，餐厅已扩建完毕，达到预定可使用状态，并验收使用。该餐厅预计可收回金额为 680 000 元，予以转账。

5. 3 月 28 日，客房装修工程竣工，支付新丰装潢公司剩余工程款 72 000 元。

6. 3 月 29 日，客房装修工程已满足固定资产确认的条件，该工程达到预定可使用状态，验收使用。该客房预计隔 5 年装修 1 次。

7. 3 月 31 日，按分类折旧率计提本月份固定资产折旧额。

8. 4 月 10 日，签发转账支票支付行政管理部门的小汽车大修理费用 17 200 元。

9. 4 月 20 日，签发转账支票支付音响设备的小修理费用 1 200 元。

10. 4 月 30 日，按分类折旧率计提本月份固定资产折旧额。

二、要求　编制会计分录。

习题四　练习固定资产处置、清查和减值的核算

一、资料　中兴饭店 12 月份发生下列有关的经济业务。

1. 2 日，有小汽车 1 辆，原始价值为 150 000 元，已提折旧 75 000 元，已提减值准备 5 000 元，经领导批准准备出售，予以转账。

2. 5 日，出售小汽车，取得收入 64 000 元，存入银行。

3. 6 日，将出售小汽车的净损失转账。

4. 10 日，经批准报废清理餐厅 1 幢，原始价值为 550 000 元，已提折旧 521 000 元，已提减值准备 6 000 元，予以转账。

5. 15 日，签发转账支票支付餐厅清理费用 9 000 元。

6. 20 日，将清理餐厅的残料出售收入 12 500 元，存入银行。

7. 22 日，清理餐厅完毕，予以转账。

8. 26 日，拨付合资经营的南兴饭店房屋 1 幢，原始价值为 720 000 元，已提折旧 240 000 元，已提减值准备 9 000 元，按投资合同约定的 472 000 元计量，予以转账。

9. 28 日，盘盈摩托车 1 辆，同类摩托车的市场价格为 3 000 元，有五成新，予以转账。

10. 29 日，盘亏大客车 1 辆，原始价值为 160 000 元，已提折旧 145 000 元，已提减值准备 6 000 元，予以转账。

11. 30 日，盘盈的摩托车和盘亏的大客车报经领导批准，予以核销转账。

12. 31 日，有音响设备 1 套，原始价值 9 900 元，已提折旧 3 300 元，现由于市价持续下跌，其可收回金额仅为 5 500 元，计提其减值准备。

二、要求 编制会计分录。

习题五 练习无形资产和长期待摊费用的核算

一、资料 杏花村饭店发生下列有关的经济业务。

1. 4 月 30 日，本饭店自行研究开发一项专利，分配专利开发人员在研究阶段的工资 5 000 元，并计提职工福利费 700 元。

2. 4 月 30 日，结转研发支出。

3. 5 月 2 日，专利进入开发阶段，领用原材料 7 200 元。

4. 5 月 10 日，签发转账支票支付隆兴公司参与开发专利的费用 52 200 元。

5. 5 月 31 日，分配专利开发人员在开发阶段的工资 12 000 元，并计提职工福利费 1 680 元。

6. 6 月 1 日，专利项目开发成功，签发转账支票支付专利权的注册登记费 9 750 元，律师费 6 930 元。

7. 6 月 2 日，专利项目开发成功，结转其开发成本。该项专利预计使用寿命 10 年。

8. 6 月 15 日，向上海土地管理局支付 720 000 元，以取得土地使用权 40 年，在洽购时，支付咨询费、手续费 18 240 元，款项一并签发转账支票支付。

9. 6 月 20 日，与华夏饭店合资经营，华夏饭店以非专利技术作为其投资额，按投资合同约定的 144 000 元入账，该项非专利技术预计使用寿命 8 年。

10. 6 月 30 日，摊销应由本月份负担的专利权、土地使用权和非专利技术费用。

11. 7 月 10 日，将本饭店拥有的另一地块的土地使用权出售给大华公司，取得出售收入 540 000 元，当即收到转账支票存入银行，按出售收入的 5% 计提营业税。该项土地使用权的账面原值为 660 000 元，已摊销了 180 000 元。

12. 7月15日，将一项非专利技术向奉贤饭店投资，账面原值为145 000元，已摊销了36 000元，按投资合同约定的120 000元入账。

13. 7月30日，有一项专营权，账面原值为120 000元，已摊销了40 000元，因有该项专营权的企业增多，使其盈利能力大幅度下降，预计其未来现金流量的现值为75 000元，计提其减值准备。

14. 7月31日，将租入房屋改建为餐厅已竣工，签发转账支票支付佳美装潢公司改建费用108 000元。

15. 8月31日，房屋租赁期为9年，尚可使用10年，摊销应由本月负担的房屋的改建支出。

二、要求　编制会计分录。

第五章 旅游经营业务

思 考 题

一、是非题

1. 国际旅游企业主要经营入境旅游业务和出境旅游业务；国内旅游企业主要经营国内旅游业务。　　　　　　　　　　　　　　　　　　　　　　　　　　　　（　　）

2. 采用汇付结算方式，预付款项的付款方有得不到旅游服务（或收不到商品）的风险；而旅游服务完毕（或交付商品）后付款，则收款方有收不到账款的风险。　（　　）

3. 托收结算方式具有手续较简单、银行费用低，但收款有风险的特点。　（　　）

4. 半包价是指不包含午餐、晚餐费用的综合包价。　　　　　　　　　（　　）

5. 劳务收入是指旅游公司向其他旅游公司提供当地导游翻译人员所取得的收入。
　　　　　　　　　　　　　　　　　　　　　　　　　　　　　　　　（　　）

6. 旅游经营业务收入，在通常情况下，只有在旅游团队旅游结束返回时才能确认。
　　　　　　　　　　　　　　　　　　　　　　　　　　　　　　　　（　　）

7. 接团社一般规定先收款，后接待的原则。　　　　　　　　　　　　（　　）

二、单项选择题

1. _____的申请人和受益人均是旅游者本人。

    A. 汇付　　　　　　　　　　　　B. 托收

    C. 旅行信用证　　　　　　　　　D. 旅行支票

2. _____是指非组团旅游公司为组团社派出的翻译导游人员参加全程陪同，按规定开支的各项费用。

    A. 综合服务成本　　　　　　　　B. 劳务成本

    C. 零星服务成本　　　　　　　　D. 其他服务成本

三、多项选择题

1. 按照旅游企业经营业务的范围不同，可分为_____。

    A. 国际旅游企业　　　　　　　　B. 国内旅游企业

    C. 组团社　　　　　　　　　　　D. 接团社

2. 旅游企业常用的国际结算方式有汇付、_____。

    A. 托收　　　　　　　　　　　　B. 信用证

    C. 票汇　　　　　　　　　　　　D. 旅行支票

实 务 题

习题一 练习旅游企业经营业务收入的确认

一、资料 天华旅游公司组织一个 30 人的旅游团去美国旅游 14 天，旅游日程为 2009 年 12 月 24 日至 2010 年 1 月 6 日，已按旅游合同向旅游者收取 616 000 元。

二、要求 按提供的劳务占应提供劳务总量的比例，分别确认该旅游团应列入 2009 年和 2010 年的经营业务收入。

习题二 练习旅游企业经营业务收入的核算

一、资料

（一）广州国际旅游公司系组团社，2009 年 12 月份发生下列有关的经济业务。

1. 12 日，公司组织的 B756 旅游团本月 18 日去新疆旅游，陆续收取 36 人的旅游费，每人 7 500 元，计 270 000 元，存入银行。

2. 15 日，王毅先生等 3 人因故要求退出旅游团，今按合同规定扣除其预付旅费 10% 的手续费后，以现金退还其剩余的款项。

3. 20 日，公司组织 A381 旅游团本月 26 日去美国旅游 15 日，陆续收取 20 人旅游费，每人 22 500 元，计 450 000 元，存入银行。

4. 25 日，根据旅游合同规定，20 人的 A381 旅游团每位应付美国芝加哥国际旅游公司旅游费 2 200 美元，共计 44 000 美元，并在入境前先预付 60%，今电汇其 26 400 美元。当日美元的中间汇率为 6.82。

5. 30 日，B756 旅游团返回，确认已实现的经营业务收入。

6. 31 日，按提供劳务与应提供劳务总量的比例，确认 A381 旅游团本年度实现的经营业务收入。

（二）杭州国际旅游公司委托美国洛杉矶旅游公司组团来我国杭州旅游。4 月份发生下列有关的经济业务。

1. 5 日，洛杉矶旅游公司组成了 C1525 旅游团共 25 人，旅游日程为 10 天，共计旅游费 40 000 美元，旅游协议规定在旅游者入境前要预付旅游费的 40%，今收到该旅游公司电汇的 16 000 美元，存入银行，当日美元的中间汇率为 6.82。

2. 18 日，洛杉矶旅游公司的 C1525 旅游团的游程结束，已离境回国。外联部门根据各接团社报送的结算通知单，经审核无误后，填制"结算账单"计金额 40 000 美元，并填写托收申请书，办妥向对方托收账款的手续，当日美元的中间汇率为 6.82。

3. 25 日，收到银行转来美国洛杉矶旅游公司结欠的其余 60% 的旅游费 24 000 美元，当日美元的中间汇率为 6.81。

（三）天盛旅游公司系接团社，根据各组团社 4 月中旬的"旅游团费用拨款结算通知单"编制"旅游费用汇总表"如图表 5-1 所示。

图表 5-1

旅游费用汇总表

2010 年 4 月 11—20 日 单位：元

项 目	金 额		
	团 体	其 他	合 计
综合服务费	18 100	1 760	19 860
住宿费	96 500	9 500	106 000
午餐、晚餐费	45 700	4 920	50 620
机、车、船票费	59 400	6 600	66 000
行李托运费	560		560
全程交通费	1 180	125	1 305
游江费	7 560	315	7 875
地方风味费	8 610	750	9 360
全程陪同费	7 120	630	7 750
合 计	244 730	24 600	269 330

二、要求 编制会计分录。

习题三 练习旅游企业经营业务成本的核算

一、资料

（一）广州国际旅游公司系组团社发生下列有关的经济业务。

1. 12 月 28 日，签发转账支票 49 500 元给广州铁路局，系支付 B756 旅游团车票款。

2. 12 月 31 日，本月 30 日返回的 B756 旅游团已到规定的结算日，仍没有接到新疆旅游公司（接团社）报来的"旅游团费用拨款结算通知单"，现按计划成本 173 000 元入账，其中：综合服务成本 150 000 元，劳务成本 11 560 元，地游及加项成本 9 080 元，其他服务成本 2 360 元。

3. 12 月 31 日，本月 26 日出发去美国旅游 15 日的 A381 旅游团，其计划旅游成本为 300 080 元，按提供劳务与应提供劳务总量的比例，确认 A381 旅游团本年度发生的经营业务成本。

4. 次年 1 月 2 日，接到新疆旅游公司报来的"旅游团费用拨款结算通知单"共计金额 173 120 元，其中：综合服务成本 149 960 元，劳务成本 11 600 元，地游及加项成本 9 300 元，其他服务成本 2 260 元，经审核无误，账款当即全部汇付对方。

（二）新疆旅游公司系接团社，发生下列有关的经济业务。

12 月 30 日，在接待广州国际旅游公司 B756 旅游团的过程中，共支出 150 380 元。其中：支付宾馆住宿费 61 200 元，餐饮费 27 800 元，车费 30 400 元，风味小吃费 7 800 元，综合服务费 19 800 元，全程陪同费 3 380 元，款项一并以银行存款支付。

二、要求 编制会计分录。

第六章　餐饮经营业务

思　考　题

一、是非题

1. 餐饮企业具有生产、零售和服务三种功能，因此在会计核算上，也具有生产、零售和服务的特点。　　　　　　　　　　　　　　　　　　　　　　（　　）

2. 委托加工材料的实际成本由被加工材料成本和加工费构成。　　　　（　　）

3. 将原材料三级明细账设在仓库，可以避免重复劳动，简化核算手续。　（　　）

4. 一料多档是指原材料经初加工后，产生两种以上的食品净料，届时应当分别按照食品净料的质量等级高低确定单位成本。　　　　　　　　　　　　　　（　　）

5. 为了既满足管理上的需要，又简化计算手续，可采用换算的方法，将成本毛利率计算为销售毛利率。　　　　　　　　　　　　　　　　　　　　　（　　）

二、单项选择题

1. 不入库管理的原材料是_____。

   A. 粮食　　　　　　　　B. 鲜活商品　　　　　C. 调味品　　　　　D. 干货

2. 采用销售毛利率法确定餐饮制品销售价格的计算公式为_____。

   A. 销售价格 = 成本价 × （1 + 成本毛利率）

   B. 销售价格 = 成本价 × （1 + 销售毛利率）

   C. 销售价格 = $\dfrac{原材料成本}{1 - 销售毛利率}$

   D. 销售价格 = $\dfrac{原材料成本}{1 - 成本毛利率}$

三、多项选择题

1. 原材料按其在餐饮产品中所起的作用可分为粮食类、_____等。

   A. 副食类　　　　　　B. 鲜活商品类　　　C. 干货类　　　　D. 其他类

2. 自制原材料成本由_____构成。

   A. 耗用原材料的成本　　B. 人工费用　　　C. 其他费用　　　D. 往返运杂费

3. 餐饮经营业务收入可以分为_____进行明细分类核算。

   A. 食品销售收入　　B. 饮料销售收入　　C. 服务费收入　　D. 其他收入

4. 餐饮企业销售货款的结算方式有_____等。

A. 预收账款
B. 先收款后用餐
C. 先用餐后付款
D. 一手交钱、一手交货

实 务 题

习题一 练习原材料内部调拨和委托加工材料的核算

一、资料 登云饭店 8 月上旬发生下列有关的经济业务。

1. 1 日，收到业务部门转来原材料内部调拨单，列明第三分店仓库调拨给第一分店仓库干鱼翅 2 千克，每千克 2 250 元，计金额 4 500 元，黑木耳 6 千克，每千克 100 元，计金额 600 元，经审核无误后，予以入账。

2. 3 日，收到业务部门转来原材料内部调拨单，列明第一分店厨房调拨给第二分店厨房牛肉 36 千克，每千克 36 元，计金额 1 080 元，经审核无误后，予以入账。

3. 5 日，委托天源食品厂加工月饼馅料 2 400 千克，收到业务部门转来委托加工材料发料单，开列发出赤豆 600 千克，每千克 7 元；膘肉 450 千克，每千克 15 元；瓜子仁 30 千克，每千克 50 元；食糖 990 千克，每千克 6 元，经审核无误后，予以入账。

4. 5 日，以现金 120 元支付各种原材料运往天源食品厂的运杂费。

5. 9 日，签发转账支票 5 500 元，系支付天源食品厂月饼馅料的加工费。

6. 9 日，以现金支付运回月饼馅料的运杂费 180 元。

7. 10 日，业务部门转来委托加工材料入库单，列明 2 400 千克月饼馅料已验收入库。

二、要求 编制会计分录。

习题二 练习餐饮制品成本的核算

一、资料

（一）江桥饭店对原材料采取实地盘存制，3 月份期初原材料结存情况如下。

仓库结存粮食类原材料 7 440 元，其中大米 800 千克，每千克 3.80 元；精白粉 1 100 千克，每千克 4.00 元；干货类原材料 32 200 元，其他类原材料 6 960 元。

（二）接着发生下列有关的经济业务。

1. 1 日，根据 1 月 31 日厨房转来的月末剩余原材料、半成品和待售制成品盘存表的金额 20 580 元，作为厨房本月份领用的原材料入账。

2. 3 日，向昌化土产公司购进香菇 120 千克，每千克 80 元，签发转账支票付清账款。香菇已验收入库。

3. 5 日，向卢湾副食品公司购进牛肉 350 千克，每千克 36 元；鸡肉 360 千克，每千克 15 元。上述牛肉及鸡肉已由厨房验收，账款当即以 3 个月到期的商业汇票付讫。

4. 8 日，向东海水产公司购进条虾 120 千克，每千克 60 元；虾仁 60 千克，每千克 80 元，货已由厨房验收，账款签发转账支票付讫。

5. 12 日，向大丰粮行购进大米 1 000 千克，每千克 3.80 元；精白粉 1 200 千克，每千克 4.00 元，粮食已验收入库，账款以转账支票付讫。

6. 18 日，向东晶调味品厂购进鸡精、咖喱粉、食糖等各种调味品一批，共计 2 500 元，调味品已验收入库，账款以转账支票付讫。

7. 31 日，仓库经过盘点，结存粮食类原材料 6 450 元，其中大米 750 千克，每千克 3.80 元；精白粉 900 千克，每千克 4.00 元；干货类原材料 25 100 元；其他类原材料 7 080 元，结转耗用原材料成本。

8. 31 日，厨房经过盘点，转来月末剩余原材料、半成品和待售制成品盘存表，列明盘存金额 19 220 元，经审核无误后，据以作假退料入账。

二、要求　编制会计分录。

习题三　练习食品净料成本的计算

一、资料　狮子楼饭店 1 月上旬发生下列有关的经济业务。

1. 2 日，购入条虾 15 千克，每千克 60 元，经加工后得净虾 12 千克。

2. 5 日，购入冬笋 125 千克，每千克 20 元，经加工后得净笋 55 千克。

3. 7 日，购进活草鸭 30 只，重 72 千克，每千克 20 元，金额 1 440 元；经宰杀去内脏后得光草鸭 50 千克，鸭肫 2 千克，每千克 20 元；鸭血 2 块，作价 10 元。

4. 10 日，购进冻牛肉 120 千克，每千克 36 元，金额 4 320 元。经加工后得牛筋 18 千克，每千克 8 元；下脚料 9 千克，每千克 5 元；净牛肉 88 千克，其余为损耗。

二、要求　分别计算净虾、净笋、光草鸭和净牛肉的单位成本。

习题四　练习餐饮制品销售价格的制定

一、资料　东顺餐馆 3 月 18 日有关菜肴的配料资料如下。

1. 腌笃鲜每锅菜肴的配料为：鲜猪肉 0.3 千克，每千克 30 元；火腿上方 0.15 千克，每千克 140 元；竹笋 0.2 千克，每千克 45 元；百叶结 0.2 千克，每千克 10 元；其他配料 3 元。

2. 双菇炒冬笋每盆菜肴的配料为：冬笋 0.2 千克，每千克 42 元；香菇 0.15 千克，每千克 100 元；蘑菇 0.2 千克，每千克 14 元；其他调配料 1 元。

3. 清蒸鳜鱼，每盆菜肴的配料为：鳜鱼 1 条，重 0.6 千克，每千克 120 元；其他调配料 2 元。

二、要求

（一）该餐馆的销售毛利率为 48%，计算每种菜肴价格。

（二）该餐馆的成本毛利率为 80%，计算每种菜肴价格。

习题五　练习餐饮企业经营业务收入的核算

一、资料

（一）卢海饭店 4 月上旬发生下列有关的经济业务。

1. 2 日，收款台转来"销货日报表"和"收款日报表"如图表 6-1 和图表 6-2 所示。并交来销货现金 15 262 元，转账支票 1 380 元，信用卡签购单 4 200 元，信用卡手续费率为 9‰，溢余现金 2 元，原因待查。

图表 6-1

销货日报表

2010 年 4 月 2 日　　　　　　　　　　　　　　　　单位：元

项　　目	金　　额	（减：）金卡优惠	应 收 金 额
菜肴	16 110.00	612.00	15 498.00
点心	1 550.00	8.00	1 542.00
饮料	3 660.00		3 660.00
其他	140.00		140.00
合　　计	21 460.00	620.00	20 840.00

制表员：王国荣

图表 6-2

收款日报表

2010 年 4 月 2 日　　　　　　　　　　　　　　　　单位：元

收款方式	应 收 金 额	实 收 金 额	溢 缺 款
现金	15 260.00	15 262.00	+2.00
转账支票	1 380.00	1 380.00	
信用卡	4 200.00	4 200.00	
合　　计	20 840.00	20 842.00	+2.00

收款员：周琳

2. 2 日，将销货现金解存银行。

3. 3 日，查明昨日营业溢余款系收款员工作中差错所造成，报经批准作为企业收入入账。

4. 4 日，接受到刘云峰先生本月 7 日的酒宴 8 桌，每桌 1 800 元，预收 10% 的酒席定金。

5. 5 日，接受赵宏飞先生预订本月 10 日的酒席 3 桌，每桌 1 800 元，预收 10% 的酒席定金。

6. 7 日，刘云峰先生的酒席结束，8 桌酒席价款为 14 400 元外，另收取饮料费 1 500 元，扣除预收定金后，其余款项刘云峰先生以信用卡支付，信用卡手续费率为 9‰。

7. 8 日，业务部门接受赵宏飞先生停办酒席要求，今将其预付的定金作为违约金入账。

（二）光明餐厅对自产自销的粽子采取一手交钱、一手交货的结算方式，5 月 8 日，上日结存鲜肉粽 128 只，豆沙粽 76 只；今日生产鲜肉粽 2 360 只，豆沙粽 1 080 只；营业结束后，盘点结存鲜肉粽 138 只，豆沙粽 81 只。鲜肉粽每只售价 3.20 元，豆沙粽每只售价 2.60 元。

二、要求

（一）根据资料（一）编制会计分录。

（二）根据资料（二）计算确认当日的销售收入，并据以编制会计分录。

第七章　服务经营业务

思 考 题

一、是非题

1. 客房可以出租，但不能储存，如在规定的时间内不出租，其效用就自然消失，销售就无法收回，因此企业应积极开展客房的营销活动。　　　　　　　（　　）

2. 发生的坏账损失，由于采用备抵法核算比较烦琐复杂，因此通常采用简便易行的直接转销法。　　　　　　　　　　　　　　　　　　　　　　　　　（　　）

3. 广告经营者是指受托提供广告设计、制作服务的法人、其他经济组织或者个人。　　　　　　　　　　　　　　　　　　　　　　　　　　　　　　　（　　）

4. 代理广告企业支付给广告发布企业的发布费即为广告发布成本。　　（　　）

5. 照相企业除了核算耗用原材料总成本外，还要核算每种产品的单位成本。（　　）

6. 修理企业的成本只核算修理过程中耗用的零配件和修理材料，不核算人工费用。　　　　　　　　　　　　　　　　　　　　　　　　　　　　　　（　　）

二、单项选择题

1. 预提坏账准备是以信息质量要求中的_____为依据的。
   A. 可比性　　　　　B. 重要性　　　　　C. 谨慎性　　　　　D. 相关性

2. 利用建筑物、道路和天空等发布的广告是_____。
   A. 印刷广告　　　　B. 户外广告　　　　C. 漂浮广告　　　　D. 空间广告

3. 洗染企业由于管理上和技术操作上的失误，发生衣物损坏而需要作价赔偿的应_____账户。
   A. 冲减"主营业务收入"　　　　　　B. 列入"主营业务成本"
   C. 列入"管理费用"　　　　　　　　D. 列入"营业外支出"

三、多项选择题

1. 客房出租的主要价格有_____。
   A. 标准房价　　B. 团队房价　　C. 合同房价　　D. 实际出租房价

2. 户外广告的发布成本有_____等。
   A. 阵地费　　　B. 框架制作费　　C. 广告画面制作费　　D. 户外广告登记费

3. 具有生产、服务、销售三项功能的服务经营业务有_____。
   A. 照相　　　　B. 客房　　　　C. 洗染　　　　D. 修理
   E. 广告　　　　F. 娱乐

4. 除了发生销售费用外，还发生主营业务成本的服务企业有_____。

　A. 客房经营业务　　　　B. 美容经营业务　　　C. 浴池经营业务

　D. 广告经营业务　　　　E. 洗染经营业务　　　F. 照相经营业务

　G. 娱乐经营业务　　　　H. 修理经营业务

实 务 题

习题一　练习客房经营业务先收款后入住结算方式的核算

一、资料　宁海饭店收到总服务台交来营业收入日报表如图表 7-1 所示。

图表 7-1

营业收入日报表

2010 年 4 月 1 日　　　　　　　　　　　　　　　　单位：元

项目 房型	营业收入				预收房费		备　注
	单人房	标准房	套　房	合　计			
房费	2 280	7 200	4 000	13 480	上日结存	56 780	
加床					本日预收	16 810	
餐饮费	200	1 750	390	2 340	其中：现金	7 930	
小酒柜	15	140	55	210	信用卡签购单	7 000	
其他					转账支票	1 880	
合　计	2 495	9 090	4 445	16 030	本日应收	16 030	
	出租客房间数：55 间				本日结存	57 560	
	空置客房间数：8 间				长款：	短款：	

1. 4 月 1 日，营业收入日报表经审核无误，根据该表中"营业收入"栏中的数额入账。

2. 4 月 1 日，收到总服务台交来现金、信用卡签购单和转账支票，已全部解存银行，信用卡手续费率为 9‰。

二、要求　编制会计分录。

习题二　练习客房经营业务先入住后收款结算方式的核算

一、资料

（一）长宁宾馆实行先入住后付款结算方式，总服务台交来营业收入日报表如图表 7-2 所示。

图表 7-2

营业收入日报表

2010 年 4 月 25 日　　　　　　　　　　　　　　　单位：元

项目 房型	营业收入				结欠房费		备　注
	单人房	标准房	套　房	合　计			
房费	2 800	11 900	4 500	19 200	上日结欠	86 560	
加床		400		400	本日应收	23 480	
餐饮费	120	3 080	430	3 630	本日收回	21 390	

续表

营业收入					结欠房费		备 注
项目 房型	单人房	标准房	套 房	合 计			
小酒柜 其他	20	180	50	250	其中：现金	10 190	
合 计	2 940	15 560	4 980	23 480	信用卡签购单	8 000	
	出租客房间数：80 间				转账支票	3 200	
	空置客房间数：8 间				本日结欠	88 650	
					长款：	短款：	

收款人：胡文海　　　　　　　交款人：黄学清　　　　　　　制表：钱忠

1. 4 月 25 日，根据营业收入日报表中"营业收入"栏的数额入账。

2. 4 月 25 日，信用卡结算手续费率为 9‰，根据"营业收入日报表"中结欠房费栏的"本日收回"各项目的数额入账。

（二）卢湾饭店对坏账损失采用备抵法，12 月 1 日"坏账准备"账户为贷方余额 1 110 元，接着又发生下列有关的经济业务。

1. 12 月 5 日，应收凌林公司客房款 1 080 元，因该公司已破产而无法收回，经批准转作坏账损失处理。

2. 12 月 31 日，应收账款账户余额 245 000 元，按 5‰坏账准备率计提坏账准备。

3. 12 月 31 日，若该饭店 12 月 1 日"坏账准备"账户为贷方余额 960 元，其他资料不变，计提其坏账准备。

二、要求　编制会计分录。

习题三　练习美容经营业务的核算

一、资料　华欣美容院实行先收款后服务收款方式；现发生下列有关的经济业务。

1. 3 月 15 日，营业部门交来现金、结算凭证、营业收入日报表和收款日报表如图表 7-3 和图表 7-4 所示。

图表 7-3

营业收入日报表

2010 年 4 月 15 日

单位：元

项 目	服务人次	单 价	金 额	消费卡优惠	应收金额
营业收入合计			15 820	1 798	14 022
一、美容部收入			8 900	1 030	7 870
其中：烫睫毛	12	50	600	70	530
皮肤护理	30	50	1 500	160	1 340
眼部护理	15	160	2 400	288	2 112
手部护理	12	100	1 200	140	1 060
颈部护理	10	100	1 000	120	880
女生活妆	14	80	1 120	144	976
女晚妆	6	180	1 080	108	972
二、理发部收入			6 920	768	6 152
其中：单剪	102	10	1020	104	916
单洗	95	10	950	98	852
单吹	26	10	260	20	240

续表

项　目	服务人次	单　价	金　额	消费卡优惠	应收金额
修面	21	20	420	48	372
吹长波浪	26	20	520	52	468
加工护理	9	50	450	50	400
焗油护理	5	380	1 900	228	1 672
烫发	5	280	1 400	168	1 232

制表：王文娟

图表7-4

收款日报表

2010 年 4 月 15 日

单位：元

发售消费卡		营 业 收 入	
收款方式	金　额	收款方式	金　额
现金	4 100	现金	2 830
信用卡	7 000	信用卡	4 000
		消费卡	7 192
合　　计	11 100	合　　计	14 022

实收现金人民币陆仟玖佰叁拾元整　　　　　　　长款：　　　　短款：

收款人：刘光辉　　　　　　　　　　　　　　交款人：周琳

经审核无误后，将信用卡签购单、计汇单等解存银行，根据营业收入日报表和收款日报表"营业收入"栏的数额入账，信用卡手续费率为 9‰。

2. 3 月 15 日，根据收款日报表中发售消费卡栏中的金额和有关的结算凭证入账。

3. 3 月 15 日，将当天收款日报表中收入的现金全部解存银行。

二、要求　编制会计分录。

习题四　练习广告经营业务的核算

一、资料　市南广告公司与沪光服装公司签订合同，为其制作推销系列服装的灯箱广告 30 个。画面制作费为 24 000 元，广告的发布期为 1 年，自 2010 年 7 月 1 日至 2011 年 6 月 30 日，发布费为 198 000 元，在每月发布后的月末结算。

1. 6 月 1 日，预收沪光服装公司制作系列服装灯箱广告画面款的 60%，当即收到转账支票 14 400 元，存入银行。

2. 6 月 1 日，向恒通公司定制灯箱广告框架 30 只，每只 8 500 元，计金额 255 000 元，签发转账支票，预付其 40% 的账款 102 000 元。

3. 6 月 29 日，系列服装灯箱广告的画面制作完毕，经沪光服装公司验收合格，当即填制销售发票，予以入账。

4. 6 月 30 日，签发转账支票支付给东西高架管理公司第三季度租用设置灯箱广告的场地费 25 200 元。

5. 6 月 30 日，恒通公司制作的灯箱广告框架 30 只已竣工，并验收使用。签发转账支票支付其余 60% 的账款。

6. 6 月 30 日，为沪光服装公司制作的系列服装广告的画面，共领用原材料 8 400 元，支付制作和安装人员薪酬 4 860 元，发生费用 3 020 元，以银行存款支付。

7. 7 月 1 日，签发转账支票支付广告管理部门户外广告登记费 1 880 元。

8. 7 月 5 日，收到沪光服装公司付来系列服装广告画面制作其余 40% 的账款 9 600 元，存入银行。

9. 7 月 31 日，收到沪光服装公司付来本月份系列服装广告的发布费 16 500 元，存入银行。

10. 7 月 31 日，灯箱广告框架预计使用 5 年，预计净残值为零，用直线法计提其折旧，并将本月份租用的阵地费入账。

二、要求 编制会计分录。

习题五 练习沐浴经营业务的核算

一、资料 武宁沐浴公司收款部门报来营业收入日报表如图表 7-5 所示。

图表 7-5

营业收入日报表

2010 年 4 月 10 日

项　　目	服务人次	单　价	金　　额	收款情况
营业收入合计			11 127.00	
（一）男子部			4 152.00	
其中：淋浴	69	24.00	1 656.00	
池浴	78	32.00	2 496.00	
（二）女子部			3 492.00	现金：7 107.00
其中：淋浴	72	24.00	1 728.00	信用卡：4 000.00
盆浴	49	36.00	1 764.00	长款：
（三）其他			3483.00	短款：20.00　原因：待查
其中：助浴	24	30.00	720.00	
扦脚	15	30.00	450.00	
括捏脚	17	45.00	765.00	
头部按摩	14	36.00	504.00	
背部按摩	11	36.00	396.00	
脚部按摩	18	36.00	648.00	

收款人：王明达　　　　　　　　　　　　　　　　　交款人：周莹玉

并收到收款部门送来的现金及信用卡签购单。

1. 4 月 10 日，营业收入日报表及现金和信用卡签购单，经审核无误后，予以入账，信用卡手续费率为 9‰。

2. 4 月 10 日，将现金解存银行。

3. 4 月 12 日，今查明 10 日短款 20 元是收款工作中的差错，经批准作为企业损失。

二、要求 编制会计分录。

习题六 练习洗染经营业务的核算

一、资料 兴安洗染公司营业部门交来收取的现金和营业收入日报表如图表 7-6 所示。

图表7-6

营业收入日报表

2010 年 3 月 28 日　　　　　　　　　　　　　　　　　单位：元

项　目	本日发生		本月累计		备　注
	件　数	金　额	件　数	金　额	
一、营业收入合计	224	6 430.00	6 196	177 840.00	
其中：洗烫	208	5 125.00	5 747	14 156.00	
修件	3	280.00	85	7 920.00	
织补	7	395.00	194	10 940.00	
皮装上光	6	630.00	170	17 220.00	
二、收取现金		6 510.00			

应收业务款余额　　30 960.00

实收现金（大写）陆仟伍佰壹拾元整　　　　长款：　　　短款：

收款人：王晨　　　　　　　　　　　　　　　　　　　　交款人：刘芳

1. 3 月 28 日，营业收入日报表经审核无误后，将营业收入入账。

2. 3 月 28 日，将收取的现金入账。

3. 3 月 28 日，将现金解存银行。

二、要求　编制会计分录。

习题七　练习照相经营业务的核算

一、资料　鸿兴照相馆营业部门交来的营业收入日报表如图表7-7所示。

图表7-7

营业收入日报表

2010 年 3 月 20 日　　　　　　　　　　　　　　　　　单位：元

项　目	数　量	单　价	金　额	收款情况
营业收入合计	—	—	7 236.00	
一、照相收入			5 210.00	
证件照1寸	48	22.00	1 056.00	现金：4 436.00
证件照2寸	18	30.00	540.00	信用卡：2 800.00
生活照7寸	8	38.00	304.00	合计金额：7 236.00
商务照7寸	7	75.00	525.00	长款：＿＿＿
2~3人全家福7寸	3	75.00	225.00	短款：＿＿＿
4~6人全家福7寸	2	180.00	360.00	
豪华婚纱套系	1	2 200.00	2 200.00	
二、数码扩印			2 026.00	
15张以上5寸（张）	1 070	0.60	642.00	
15张以上6寸（张）	680	0.80	544.00	
15张以上7寸（张）	190	1.20	228.00	
15张以下5寸（张）	270	0.80	216.00	
15张以下6寸（张）	220	1.00	220.00	
15张以下7寸（张）	110	1.60	176.00	

收款人：卢俊杰　　　　　　　　　　　　　　　　　　　交款人：钱云天

并收到营业部门交来的现金和信用卡签购单，经审核无误，予以入账，信用卡手续费率为9‰。

二、要求　编制会计分录。

习题八　练习修理经营业务的核算

一、资料　永春电器修理公司经营修理电视机、空调机和洗衣机的业务，6 月份发生下列有关的经济业务。

1. 1 日，购进电视机、空调机和洗衣机各种零配件计 35 100 元，零配件已验收入库，价款签发转账支票付讫。

2. 10 日，修理部门派修理员上门为消费者修理、清洗空调机 20 台，收入现金 7 600 元，存入银行。

3. 12 日，修理部门派修理员上门为消费者修理洗衣机 25 台，收入现金 3 560 元，存入银行。

4. 15 日，修理部门修理电视机完工 120 台，应收修理费用 21 600 元。

5. 16 日，消费者领取修好的电视机，收入现金 20 100 元，存入银行。

6. 28 日，修理部门派修理员上门为消费者修理、清洗空调机 30 台，修理费 10 200 元；修理洗衣机 32 台，修理费4 560 元，共计收入现金 14 760 元，存入银行。

7. 30 日，修理部门修理电视机完工 110 台，应收修理费用共 19 800 元。

8. 30 日，消费者领取修好的电视机，收入现金 21 600 元，存入银行。

9. 30 日，根据修理部门的领料单。编制耗用原材料汇总表，共耗用原材料 17 750 元，予以转账。

二、要求　编制会计分录。

第八章　商场经营业务

思 考 题

一、是非题

1. 采用数量进价金额核算发生退价的核算与进货退出的核算方法是相同的。　（　　）
2. 作商品购销业务处理的代销商品在销售的同时就体现了销售收入的实现。　（　　）
3. 结算代销手续费方式的代销商品，收到的代销手续费应列入"其他业务收入"账户。
　（　　）
4. 商品可变现净值是指在日常活动中，商品估计的售价减去商品成本后的差额。
　（　　）
5. 采用售价核算金额发生退价的核算与进货退出的核算方法是不同的。　（　　）
6. 集中收款容易发生差错与弊端，而分散收款手续烦琐。　（　　）
7. 计算已销商品进销差价是手段，调整商品销售成本才是目的。　（　　）
8. 采用实际进销差价计算法计算已销商品进销差价需要根据期末"商品进销差价"、
"库存商品"和"主营业务收入"账户余额等资料来进行。　（　　）
9. 采用售价金额核算法的企业发生商品短缺或溢余时，应按商品的售价记入"待处理
财产损溢"账户。　（　　）

二、单项选择题

1. 已销商品进销差价计算偏低，那么_____。
   A. 期末库存商品价值偏低，毛利也偏低
   B. 期末库存商品价值偏低，毛利则偏高
   C. 期末库存商品价值偏高，毛利也偏高
   D. 期末库存商品价值偏高，毛利则偏低
2. 借记"商品进销差价"账户和"应交税费"账户；贷记"应收账款"账户是
_____业务的会计分录。
   A. 数量进价金额核算购进商品补价
   B. 数量进价金额核算购进商品退价
   C. 售价金额核算购进商品补价
   D. 售价金额核算购进商品退价

三、多项选择题

1. 售价金额核算法的主要内容有_____。
   A. 建立实物负责制　　　　　　　　B. 库存商品按售价记账

C. 设置"商品进销差价"账户　　　　D. 加强商品盘点

2. 商品盘缺根据所查明的不同的原因，经批准后转入_____等有关账户。

A. 销售费用　　　　　　　　　　　B. 管理费用

C. 营业外支出　　　　　　　　　　D. 其他应收款

3. 采用售价金额核算，月末需要调整的账户有_____。

A. 库存商品　　　　　　　　　　　B. 商品进销差价

C. 主营业务收入　　　　　　　　　D. 主营业务成本

实 务 题

习题一　练习数量进价金额核算

一、资料

（一）银河宾馆所属商场 6 月份发生下列有关的经济业务。

1. 1 日，向恒丰玉器厂购进玉雕白兔 50 只，收到专用发票，列明单价 400 元，计货款 20 000 元，增值税额 3 400 元。经审核无误，款项当即签发转账支票付讫。

2. 2 日，商场转来收货单，1 日从恒丰玉器厂购进的 50 只玉雕白兔，单价 400 元，已全部验收入库。

3. 4 日，今复验玉雕白兔，发现其中 5 只质量不符合要求，经联系后同意退货，收到恒丰玉器厂退货的红字专用发票，开列退货款 2 000 元，退增值税额 340 元，款项尚未收到。玉雕白兔已退还对方。

4. 5 日，根据商品委托代销合同，接受静安玉器厂翡翠挂件 40 只，供应单价为 610 元，增值税率为 17%，合同规定每个月月末结算一次。翡翠挂件已验收入库。该业务作商品购销业务处理。

5. 6 日，根据商品委托代销合同，接受顺昌工艺品厂檀香扇 60 把，每把供应单价为 290 元，增值税率为 17%，合同规定每个月月末结算一次，檀香扇已验收入库。该业务作结算代销手续费业务处理。

6. 8 日，向锦云玉器厂购进玉手镯 30 只，收到专用发票，列明每只 560 元，计货款 16 800 元，增值税额 2 856 元，款项当即签发转账支票支付，商场也转来收货单，30 只玉手镯也验收入库。

7. 10 日，收到锦云玉器厂更正发票，列明玉手镯每只单价应为 650 元，应补收货款 2 700 元，补收增值税额 459 元，经审核无误，账款当即签发转账支票付讫。

8. 12 日，向山海珠宝厂购进珍珠项链 100 条，收到专用发票，列明单价 180 元，计货款 18 000 元，增值税额 3 060 元，当即签发转账支票付讫，商场也转来收货单，100 条珍珠项链已验收入库。

9. 15 日，收到商场交来的"销货日报表"和"收款日报表"，列明售出玉雕白兔 25 只，每只 540 元；售出玉手镯 15 只，每只 880 元；售出珍珠项链 60 条，每条 250 元。货款中转账支票结算为 2 500 元，信用卡结算为 10 000 元，其余部分为现金结算，信用卡结算的手续费率为 9‰，该宾馆为信用卡特约结算单位，各种结算凭证和现金均已解存银行。

10. 16 日，根据销售商品的进价，结转其销售成本。

11. 18 日，向神光化妆品厂购入化妆品 60 盒，收到专用发票，列明单价 680 元，计货款 40 800 元，增值税额 6 936 元。款项以商业汇票付讫，商场也转来收货单，60 盒化妆品也已验收入库。

12. 20 日，收到神光化妆品厂红字更正发票一张，列明化妆品单价为 660 元，应退货款 1 200 元，应退增值税额 204 元，应退账款尚未收到。

13. 22 日，向锦云玉器厂购进玉手镯 50 只，单价 650 元，计货款 32 500 元，增值税额 5 525 元。款项当即签发转账支票付讫，商场也转来收货单，50 只玉手镯也已验收入库，收到现金，解存银行。

14. 25 日，销售代销的翡翠挂件 20 只，每只售价 840 元，计货款 16 800 元，收到现金，解存银行。

15. 27 日，销售代销的檀香扇 30 把，每把售价 350 元，计货款 10 500 元，增值税额 1 785 元，收到现金，解存银行。

16. 29 日，开出代销檀香扇清单及代销手续费发票，开列代销檀香扇 30 把，每把代销手续费为 60 元，予以转账。

17. 30 日，开出代销翡翠挂件清单后，收到静安玉器厂的专用发票，开列翡翠挂件 20 只，每只 610 元，计货款 12 200 元，增值税额 2 074 元，当即签发转账支票付讫。

18. 30 日，收到商场转来"销货日报表"和"收款日报表"，列明售出玉雕白兔 15 只，每只 540 元；售出玉手镯 25 只，每只 880 元；售出珍珠项链 30 条，每条 250 元；售出化妆品 30 盒，每盒 900 元。货款中转账支票结算为 2 700 元，信用卡结算为 12 000 元，其余部分为现金结算，信用卡结算的手续费率为 9‰，各种结算凭证和现金均已解存银行。

19. 30 日，根据销售商品的进价，结转其销售成本。

20. 30 日，收到顺昌工艺品厂专用发票，开列檀香扇 30 把，每把 290 元，计货款 8 700 元，增值税额 1 479 元，扣除代销手续费 1 800 元后，签发转账支票支付已售代销商品全部账款。

21. 30 日，该企业销售商品的增值税税率为 17%，调整本月份的商品销售收入。

（二）海达宾馆附设商场发生下列有关的经济业务。

1. 5 月 27 日，收到"商品盘点短缺溢余报告单"如图表 8-1 所示，予以转账。

图表 8-1

商品盘点短缺溢余报告单

2010 年 5 月 27 日　　　　　　　　　　　　　　金额单位：元

品　名	计量单位	单价	账存数量	实存数量	短缺		溢余		原因
					数量	金额	数量	金额	
玉雕熊猫	只	550.00	16	15	1	550.00			
龙井绿茶	听	100.00	90	88	2	200.00			待查
福建红茶	听	60.00	76	78			2	120.00	
檀香扇	把	290.00	25	35			10	2 900.00	
合　计						750.00		3 020.00	

2. 5月28日，在清查盘点中发现真丝围巾90条因陈旧过时，每条售价经批准削价为58.50元，内含增值税8.50元，而其成本为66元，估计销售费用为1元，计提其存货跌价准备。

3. 5月29日，查明溢余10把檀香扇系开利工艺品厂多发商品，开利工艺品厂现补来专用发票，开列货款2 900元，增值税额493元，款项尚未支付。

4. 5月30日，查明短缺玉雕熊猫1只，是由于保管人员失职造成的。经批准，其中60%由责任人赔偿，40%作为企业损失处理。

5. 5月31日，查明龙井绿茶短缺2听、福建红茶溢余2听是由于销售过程中的差错所造成的，经批准分别作为企业损失、收益处理。

6. 6月6日，销售削价的真丝围巾60条，收到现金3 510元，存入银行，结转其销售成本，并结转已计提的存货跌价准备。

二、要求　编制会计分录。

习题二　练习售价金额核算

一、资料

（一）虹桥饭店所属商场有关账户12月份期初余额如下。

库存商品——百货柜151 000元　　　　　商品进销差价——百货柜41 120元

库存商品——食品柜145 000元　　　　　商品进销差价——食品柜39 310元

（二）12月份发生下列有关的经济业务。

1. 2日，向上海百货公司购进商品一批，计进价金额34 600元，增值税额5 882元，经审核无误，款项当即签发转账支票付讫。

2. 4日，2日购进的商品已由商场百货柜验收，转来收货单如图表8-2所示。

图表8-2

收 货 单

收货部门：百货柜　　　　　　　　　2009 年 12 月 4 日　　　　　　　　　金额单位：元

商品名称	购 进 价 格				销 售 价 格			
	单位	数量	单 价	金 额	单位	数量	单 价	金 额
力士香皂	10块	100	34.00	3 400.00	块	1 000	4.80	4 800.00
水果刀	10把	75	88.00	6 600.00	把	750	12.00	9 000.00
香水	10瓶	30	440.00	13 200.00	瓶	300	60.00	18 000.00
护肤霜	10盒	50	228.00	11 400.00	瓶	500	32.00	16 000.00

3. 6日，收到上海百货公司更正发票，力士香皂每10块应为35元，应补收货款100元，增值税额17元。

4. 8日，向光明玩具厂购进长毛绒海宝1 000只，每只33元，计货款33 000元，增值税额5 610元。款项以商业汇票付讫，长毛绒海宝已由百货柜验收，其销售单价为45元。

5. 12日，复验长毛绒海宝发现其中50只质量不符要求，经联系，对方已同意退货。今收到厂方开来的红字专用发票，商品已退还对方，应退货款及增值税额尚未收到。

6. 15日，百货柜销货收入为72 200元，食品柜销售收入为66 800元。货款结算中现金为119 200元，转账支票为4 800元，信用卡为15 000元，信用卡的结算手续费率为9‰，该饭店为信用卡特约结算单位，现金及各种结算单据均已送存银行。

7. 18 日，向上海食品公司购进商品一批，计进价金额 67 900 元，增值税额 11 543 元，款项当即签发转账支票付讫，商品由食品柜验收后，转来收货单如图表 8-3 所示。

图表 8-3

收　货　单

收货部门：食品柜　　　　　　　　　2009 年 12 月 18 日　　　　　　　　　金额单位：元

商品名称	购进价格				销售价格			
	单位	数量	单　价	金　额	单位	数量	单　价	金　额
可口可乐	24 听	250	42.00	10 500.00	听	6 000	2.40	14 400.00
橙汁	24 听	150	43.20	6 480.00	听	3 600	2.50	9 000.00
牛肉干	10 袋	140	218.00	30 520.00	袋	1 400	30.00	42 000.00
猪肉脯	10 袋	120	170.00	20 400.00	袋	1 200	22.00	26 400.00

8. 21 日，收到上海食品公司红字更正发票，猪肉脯每 10 袋应为 160 元，应退货款 1 200 元，退增值税额 204 元。

9. 24 日，向光明玩具厂购进长毛绒熊猫 1 000 只，每只 30 元，计货款 30 000 元，增值税额 5 100 元。款项尚未支付，百货柜转来收货单，长毛绒熊猫已验收入库，其销售单价为 42 元。

10. 26 日，收到光明玩具厂更正发票，长毛绒熊猫每只应为 30.50 元，应补收货款 500 元，补收增值税额 85 元。

11. 27 日，签发转账支票支付前欠光明玩具厂账款。

12. 29 日，向新丰食品厂购进夹心巧克力 900 盒，每盒 33 元，计货款 29 700 元，增值税额 5 049 元。款项签发转账支票付讫，食品柜转来收货单，夹心巧克力已验收入库，其销售单价为 45 元。

13. 31 日，销货收入百货柜为 69 800 元，食品柜为 64 200 元，货款结算中现金为 116 500 元，转账支票为 5 500 元，信用卡为 12 000 元，信用卡的结算手续费率为 9‰，现金及各种结算凭证均已送存银行。

14. 31 日，根据"资料（一）"和本月份发生的商品进销业务，用分柜组差价率法调整商品销售成本。

15. 31 日，根据 17% 的增值税税率，调整本月份商品销售收入。

16. 31 日，如果通过盘点，百货柜商品进价金额为 103 272 元，食品柜商品进价金额为 106 532 元，用实际进销差价计算法调整主营业务成本。

（三）长宁饭店发生下列有关的经济业务。

1. 4 月 26 日，根据市场状况，百货柜决定将护肤液的售价从 28 元调整到 24 元；食品柜决定将青岛啤酒的售价从 3 元调整到 3.20 元。护肤液的盘存数量为 120 瓶，青岛啤酒的盘存数量为 480 听。

2. 4 月 27 日，百货柜送来"商品盘点短缺报告单"，短缺商品 200 元。上月该柜组差价率为 27.10%，短缺原因待查。

3. 4 月 27 日，食品柜送来"商品盘点溢余报告单"，溢余商品 120 元。上月该柜组差价率为 26.90%，溢余原因待查。

4. 4 月 28 日，百货柜清查盘点商品时发现有 50 件编结衫因式样陈旧而滞销，经批准每件削价为 46.80 元，增值税税率为 17%，其原售价为 93 元，成本为 68 元，估计销售费用为 1 元，计提其跌价准备。

5. 4 月 29 日，食品柜清查盘点商品时发现有 60 听果仁巧克力，因保管不善碰撞而成瘪听，经批准每听削价为 23.40 元，增值税税率为 17%，其原售价为每听 35.10 元，成本为 26 元，估计销售费用为 0.50 元，计提其存货跌价准备。

6. 4 月 30 日，今查明本月 27 日百货柜盘缺商品和食品柜盘溢商品，均系收发商品中的差错，经批准分别作为企业损失和收益处理。

7. 5 月 12 日，销售削价的编结衫 25 件，收入现金 1 170 元。并结转已计提的存货跌价准备。

8. 5 月 15 日，销售削价的巧克力 30 听，收入现金 702 元。并结转已计提的存货跌价准备。

二、要求

(一) 根据"资料（一）"，设置"库存商品"、"商品进销差价"明细账。

(二) 根据"资料（二）"，编制会计分录。

(三) 根据"资料（二）"编制的会计分录登记"库存商品"、"商品进销差价"和"主营业务收入"明细账。

(四) 根据"资料（三）"，编制会计分录。

第九章 对外投资

思 考 题

一、是非题

1. 交易性金融资产包括企业持有的债券投资、股票投资、权证投资等和直接指定以公允价值计量且其变动计入当期损益的金融资产。　　　　　　　　　　　　（　　）

2. 交易性金融资产出售净收入高于其成本的差额应贷记"投资收益"账户。　（　　）

3. 企业溢价购进债券，是因为债券的票面利率小于市场利率。　　　　　（　　）

4. 债券折价款是被投资单位为了补偿投资企业以后各期少收利息而预先少付的款项。

　　　　　　　　　　　　　　　　　　　　　　　　　　　　　　　（　　）

5. 期末可供出售金融资产的公允价值高于账面余额时，应按其差额贷记"公允价值变动损益"账户。　　　　　　　　　　　　　　　　　　　　　　　　　　　　　（　　）

6. 非同一控制下企业合并，若合并成本小于取得被购买方可辨认净资产的公允价值，其差额应列入"资本公积"账户。　　　　　　　　　　　　　　　　　　　　（　　）

7. 投资企业对被投资单位具有共同控制或者重大影响的长期股权投资，应采用权益法核算。　　　　　　　　　　　　　　　　　　　　　　　　　　　　　　　（　　）

8. 重大影响是指对一个企业的财务和经营政策有参与决策的权力，但并不能够控制或者与其他方一起共同控制这些政策的制定。　　　　　　　　　　　　　　　（　　）

9. 企业长期股权投资采用权益法核算，收到被投资单位发放的现金股利时，其"长期股权投资"账户的数额应保持不变。　　　　　　　　　　　　　　　　　　（　　）

二、单项选择题

1. 交易性金融资产在持有期间收到被投资单位宣告发放的现金股利时，应贷记"_____"账户。

　　A. 交易性金融资产——成本　　　　B. 投资收益
　　C. 应收股利　　　　　　　　　　　D. 公允价值变动损益

2. 持有至到期投资重分类为可供出售金融资产时，其账面价值与公允价值之间的差额列入"_____"账户。

　　A. 公允价值变动损益　　　　　　　B. 资本公积
　　C. 投资收益　　　　　　　　　　　D. 可供出售金融资产——公允价值变动

3. 企业为进行长期股权投资于4月份购进股票，采用成本法核算，次年初被投资单位宣告分派现金股利时，应_____。

　　A. 作为投资收益　　　　　　　　　B. 作为投资成本的收回
　　C. 作为投资损益的调整　　　　　　D. 部分作为投资收益，部分作为投资成本的收回

4. 企业为进行长期股权投资于年初购进股票，采用权益法核算，次年初被投资单位宣告分派现金股利时，应_____。

    A. 作为投资收益   B. 作为投资成本的收回

    C. 作为投资损益的调整   D. 部分作为投资收益，部分作为投资成本的收回

5. _____期末的公允价值与账面价值不同时，其差额列入"资本公积"账户。

    A. 持有至到期投资   B. 长期股权投资

    C. 交易性金融资产   D. 可供出售金融资产

6. 已确认的减值损失的_____，在随后的会计期内，其公允价值上升的应在原已计提的减值准备金额内予以转回。

    A. 持有至到期投资   B. 可供出售金融资产

    C. 交易性金融资产   D. 长期股权投资

7. _____期末的公允价值与账面余额不同时，其差额应列入"公允价值变动损益"账户。

    A. 可供出售金融资产   B. 交易性金融资产

    C. 长期股权投资   D. 持有至到期投资

三、多项选择题

1. 长期投资按照投资的目的不同，可分为_____。

    A. 可供出售金融资产   B. 交易性金融资产

    C. 持有至到期投资   D. 长期股权投资

2. 短期投资具有投资回收快、_____的特点。

    A. 风险小   B. 变现能力强

    C. 机动灵活   D. 投资收益大

3. 长期投资的目的是_____。

    A. 为扩展生产经营规模筹集资金   B. 获取高额利润

    C. 为大规模更新生产经营设施筹集资金   D. 影响与控制被投资单位的经营业务

4. 企业采用权益法核算时，当被投资单位_____时，应增加长期股权投资。

    A. 实现了净利润   B. 资本溢价

    C. 宣告分派现金股利   D. 收到现金股利

5. _____期末发生减值时应计提资产减值准备。

    A. 可供出售金融资产   B. 交易性金融资产

    C. 长期股权投资   D. 持有至到期投资

实 务 题

习题一　　练习交易性金融资产的核算

一、资料

（一）中原旅游公司 3 月份发生下列有关经济业务。

1. 8 日，购进浦江公司股票 10 000 股，每股 8 元，共计价款 80 000 元，另以交易金额

的3‰支付佣金，1‰交纳印花税，款项一并签发转账支票支付。该股票为交易目的而持有。

2. 12日，购进长江公司股票20 000股，每股6元，另以交易金额的3‰支付佣金，1‰交纳印花税，款项一并签发转账支票支付。长江公司已于3月3日宣告将于3月18日分派现金股利，每股0.20元。该股票为交易目的而持有。

3. 18日，收到本公司持有3月12日购进长江公司股票20 000股的现金股利4 000元，存入银行。

4. 25日，收到本公司持有3月8日购进浦江公司股票10 000股的现金股利4 200元，存入银行。

5. 31日，按面值购进振兴公司债券120张，每张面值1 000元，计价款120 000元，年利率6%，另以交易金额1‰支付佣金，款项一并签发转账支票支付，该债券每年3月31日支付利息，到期一次还本。该债券为交易目的而持有。

6. 31日，以1 013元购进捷利公司3个月前发行的债券100张，每张面值1 000元，另以交易金额1‰支付佣金，款项一并签发转账支票支付。该债券票面年利率为6%，每年12月31日支付利息，到期一次还本。该债券为交易目的而持有。

7. 31日，浦江公司股票每股公允价值为7.90元，长江公司股票每股公允价值为6.06元，予以转账。

8. 31日，将公允价值变动损益结转"本年利润"账户。

（二）该公司4月份又发生下列有关的经济业务。

1. 10日，出售3月8日购进的浦江公司股票10 000股，每股出售价格8.20元，另按交易金额3‰支付佣金，1‰交纳印花税，交易费用已从出售收入中扣除，出售净收入已收到存入银行。

2. 20日，出售3月12日购进的长江公司股票20 000股，每股出售价格为6.30元，另按交易金额的3‰支付佣金，1‰交纳印花税，交易费用已从出售收入中扣除，出售净收入已收到存入银行。

3. 29日，出售3月31日购进振兴公司债券120张，每张面值1 000元，现按1 005元成交，另按交易金额1‰支付佣金。交易费用已从出售收入中扣除，出售净收入已收到存入银行。

4. 30日，本公司持有的捷利公司债券公允价值为101 900元，予以转账。

5. 30日，将公允价值变动损益结转"本年利润"账户。

二、要求 编制会计分录。

习题二 练习持有至到期投资的核算

一、资料

（一）泰山宾馆发生下列有关的经济业务。

1. 3月31日，购进科维公司新发行的3年期债券100张，每张面值1 000元，按面值购进，并按价款的1‰支付佣金，当即签发转账支票支付全部款项。该债券票面年利率为8%，每年3月31日支付利息。该债券准备持有至到期。

2. 3月31日，购进阳光公司新发行的3年期债券180张，每张面值1 000元，购进价格为1 025.74元，并按价款的1‰支付佣金，当即签发转账支票支付全部款项。该债券票面年利率为9%，而市场年利率为8%，每年3月31日支付利息。该债券准备持有至到期。

3. 3月31日，购进通海公司发行的4年期债券15张，每张面值10 000元，购进价格为9 668.47元，并按价款的1‰支付佣金，当即签发转账支票支付全部款项。该债券票面年利率为7%，而市场年利率为8%，每年3月31日支付利息。该债券准备持有至到期。

4. 4月30日，分别预计购进的三种债券本月份的应收利息并入账。

5. 6月30日，持有的科维公司100张3年期债券，现决定将其重分类为可供出售的金融资产，该债券公允价值为102 500元，予以转账。

（二）该宾馆次年接着又发生下列有关经济业务。

1. 3月31日，收到阳光公司付来1年的债券利息，存入银行。

2. 3月31日，收到通海公司付来1年的债券利息，存入银行。

3. 4月15日，出售去年购进阳光公司的债券180张，每张面值1 000元，出售价格为1 031元，另按交易金额的1‰支付佣金，佣金已从出售收入中扣除。出售净收入已收到转账支票，存入银行。

4. 6月30日，通海公司因发生财务困难，现面值10 000元的债券市价仅9 700元，计提其减值准备。

5. 7月10日，出售去年购进通海公司发行的债券15张，每张面值为10 000元，出售价格为9 699元，另按交易金额的1‰支付佣金，佣金已从出售收入中扣除，出售的净收入已收到转账支票，存入银行。

二、要求

（一）编制会计分录（用直线法摊销利息调整额）。

（二）用实际利率法计算各年应摊销的利息调整额。

（三）根据实际利率法计算的结果，编制计提第一个月的利息和摊销利息调整额的会计分录。

习题三　练习可供出售金融资产的核算

一、资料　沪光饭店发生下列有关的经济业务。

1. 3月1日，购进新兴公司股票10 000股，每股7.80元，另以交易金融的3‰支付佣金，1‰交纳印花税，款项一并签发转账支票付讫，该股票准备日后出售。

2. 3月5日，购进安泰公司股票15 000股，每股6.60元，另以交易金额3‰支付佣金，1‰交纳印花税，款项一并签发转账支票付讫，安泰公司已于3月5日宣告分派现金股利，每股0.10元，定于3月18日起按3月17日的股东名册支付。

3. 3月15日，收到新兴公司发放的现金股利，每股0.15元，计1 500元，存入银行。

4. 3月18日，收到安泰公司发放的现金股利，每股0.10元，计1 500元，存入银行。

5. 3月31日，按面值购进开瑞公司发行的3年期债券120 000元，以交易金额的1‰支付佣金。该债券准备日后出售。

6. 3月31日，新兴公司股票每股公允价值7.70元，安泰公司股票每股公允价值6.80元，调整其账面价值。

7. 4月25日，出售安泰公司股票15 000股，每股7.10元，另按交易金额3‰交付佣金，1‰交纳印花税，收到出售净收入，存入银行。

8. 4月30日，新兴公司因发生严重财务困难，每股市价下跌为7.20元，计提其减值准备。

二、要求 编制会计分录。

习题四 练习长期股权投资初始成本的核算

一、资料 广州宾馆集团公司内的珠江宾馆"资本公积——资本溢价"账户余额为78 000元，"盈余公积"账户余额为136 000元，现发生下列有关的经济业务。

1. 1月8日，现合并广州宾馆集团公司内的羊城宾馆，取得该公司55%的股权。羊城宾馆所有者权益的账面价值为5 000 000元，支付合并对价资产的账面价值为2 880 000元，其中：固定资产1 800 000元，已提折旧180 000元，其余1 260 000元签发转账支票付讫。

2. 3月20日，今以2 281 000元合并成本从金门饭店的股东中购入50%的股权，金门饭店可辨认净资产的公允价值为4 500 000元，而对价付出资产的账面价值为2 286 000元，其中：固定资产1 550 000元，已提折旧为180 000元，其公允价值为1 378 000元，其余916 000元签发转账支票付讫。

3. 5月25日，从证券市场购买大众公司股票200 000股，准备长期持有，该股票每股7元，占该公司股份的4%，另按交易金额的3‰支付佣金，1‰交纳印花税，款项一并签发转账支票支付，该公司已宣告将于5月31日发放现金股利，每股0.16元。

4. 5月30日，以发行股票1 600 000股的方式取得三洋公司8%的股权，股票每股面值1元，发行价为6元，另需支付相关税费43 200元，款项一并签发转账支票支付。

二、要求 编制会计分录。

习题五 练习长期股权投资后续计量的核算

一、资料

（一）远东饭店发生下列有关的经济业务。

1. 6月30日，购进中原公司的股票980 000股，占该公司有表决权股份的10%，并准备长期持有。该股票每股6元，另按交易金额的3‰支付佣金，1‰交纳印花税，款项一并签发转账支票支付。

2. 次年3月15日，中原公司宣告将于3月25日发放现金股利，每股0.15元。查上年末该公司的净利润为2 588 000元。

3. 次年3月25日，收到中原公司发放的现金股利147 000元，存入银行。

4. 次年9月30日，中原公司发生严重财务困难，每股市价下跌至5.50元，计提其减值准备。

5. 次年10月8日，出售中原公司股票98 000股，每股5.46元，另按交易金额的3‰支付佣金，1‰交纳印花税，收到出售股票净收入，存入银行。

（二）沪光宾馆发生下列有关的经济业务。

1. 1月2日，从方圆宾馆的股东中购入该公司40%的股权，取得了对方圆宾馆的共同控制权，而对价付出资产的账面价值为3 150 000元，其中：固定资产2 500 000元，已提折旧400 000元，其公允价值为2 120 000元，其余1 050 000元签发转账支票付讫。

2. 1月3日，方圆宾馆接受本宾馆投资后，可辨认净资产的公允价值为8 000 000元。按本宾馆享有40%的份额调整长期股权投资。

3. 12 月 31 日,方圆宾馆的利润表上反映的净利润为 880 000 元,按照应享有的 40% 的份额予以转账。

4. 12 月 31 日,方圆宾馆资产负债表上因资本溢价因素而增加了所有者权益 180 000 元,按持股比例确认应享有的份额入账。

5. 次年 3 月 15 日,方圆宾馆宣告将于 3 月 28 日按净利润的 66% 分配利润。

6. 次年 3 月 28 日,收到方圆宾馆分配的利润,存入银行。

7. 次年 7 月 31 日,以 375 000 元出售本公司持有方圆宾馆 4% 股权,扣除交易费用 2 700 元后,收到出售股权净收入,存入银行。

二、要求　编制会计分录。

第十章　负　债

思 考 题

一、是非题

1. 负债必须通过交付资产或提供劳务来清偿。　　　　　　　　　（　）
2. 职工薪酬是指企业为获得职工提供服务而给予各种形式的报酬及其他相关支出。　　　　　　　　　　　　　　　　　　　　　　　　　　　（　）
3. 工资总额包括职工工资、奖金、津贴和补贴。　　　　　　　　（　）
4. 长期负债具有负债数额大、风险大、偿还期限长的特点。　　　（　）
5. 辅助费用是指向银行借款的手续费、发行债券的发行费用。　　（　）
6. 专门借款是指为购建符合资本化条件的资产而专门借入的款项。（　）
7. 债券与长期借款相比较，它具有筹资范围广、流动性大，并可以溢价或折价发行的特点。　　　　　　　　　　　　　　　　　　　　　　　（　）
8. 债券溢价发行，其溢价部分实质上是企业发行债券时预收投资者的一笔款项，以弥补以后多付给投资者的利息。　　　　　　　　　　　　　　（　）
9. 企业折价发行债券，是由于市场实际利率低于票面利率。　　　（　）

二、单项选择题

1. 企业溢价发行债券的原因是_____。
   A. 票面利率高于市场实际利率　　　B. 票面利率低于市场实际利率
   C. 企业经营业绩和财务状况好　　　D. 企业经营业绩好，财务状况差
2. 企业折价发行债券，随着每期利息调整额的摊销，债券的账面价值会_____。
   A. 不变　　　　　　　　　　　　　B. 增加
   C. 减少　　　　　　　　　　　　　D. 可能增加，也可能减少
3. 企业确认预计负债的金额应当按照履行相关义务所需支出的_____。
   A. 最可能发生的金额
   B. 最佳估计数
   C. 一个连续范围的中间值
   D. 各种可能结果的相关概率计算确定数

三、多项选择题

1. 经营性负债是指企业因经营活动而发生的负债，有_____等。
   A. 应付票据　　　　　　　　　　　B. 应付账款
   C. 长期应付款　　　　　　　　　　D. 预收账款

2. _____能在应付福利费账户列支。

A. 职工及其供养直系亲属的医药费

B. 集体福利设施和文化体育设施

C. 退休职工的生活困难补助

D. 独生子女补助费

3. 借款费用必须同时具备下列_____条件的，才能开始予以资本化。

A. 借款的辅助费用已经发生

B. 为使资产达到预定可使用或者可销售状态所必要的购建或者生产活动已经开始

C. 资产支出已经发生

D. 借款费用已经发生

4. 债券票面上必须列明债券的面值、发行日期、编号、_____等内容。

A. 票面利率   B. 实际利率

C. 付息日期   D. 还本日期

5. 债券发行价格除了要考虑票面利率和市场实际利率外，还要考虑的因素有_____。

A. 到期偿还的债券面值以市场实际利率换算的现值

B. 到期偿还的债券面值以票面利率换算的现值

C. 债券按市场实际利率计算各期所支付利息的现值

D. 债券按票面利率计算各期所支付利息的现值

实 务 题

习题一　练习流动负债的核算

一、**资料**　金桥饭店 6 月份发生下列有关的经济业务。

1. 1 日，因流动资金不足，向银行借入 6 个月期限的借款 180 000 元，存入银行。

2. 10 日，签发转账支票 160 000 元，归还 6 个月前向银行借入已到期的款项。

3. 15 日，根据工资结算单（见图表 10-1）提取现金，备发职工薪酬。

图表 10-1

工资结算单（简化格式）

2010 年 6 月 15 日　　　　　　　　　　　　　　　　　　　　　　　单位：元

姓 名	工 资	病、事假应扣工资	应发工资	奖 金	津贴和补贴		应发薪酬合计	代扣款项						实发金额	签章
					中、夜班津贴	副食品补贴		住房公积金	养老保险费	医疗保险费	失业保险费	个人所得税	合 计		
略															
业务经营人员工资	65 000.00	300.00	64 700.00	6 600.00	700.00	1 500.00	73 500.00	5 145.00	5 880.00	1 470.00	735.00	72.00	13 302.00	60 198.00	
行政管理人员工资	12 000.00	50.00	11 950.00	1 350.00		200.00	13 500.00	945.00	1 080.00	270.00	135.00	128.00	2 558.00	10 942.00	
长期病假人员工资	1 750.00	700.00	1 050.00			50.00	1 100.00	77.00	88.00	22.00	11.00		198.00	902.00	
合 计	78 750.00	1 050.00	77 700.00	7 950.00	700.00	1 750.00	88 100.00	6 167.00	7 048.00	1 762.00	881.00	200.00	16 058.00	72 042.00	

4. 15 日，根据下列工资结算单发放本月份职工薪酬。

5. 25 日，分配本月份发放的各类人员薪酬。

6. 26 日，按本月份工资总额的 14%、2% 和 1.5% 分别计提职工福利费、工会经费和职工教育经费。

7. 27 日，按本月份工资总额的 12% 计提医疗保险费。

8. 27 日，按本月份工资总额的 3%、2% 和 7% 分别计提养老保险费、失业保险费和住房公积金。

9. 28 日，将本月份应交的医疗保险费、养老保险费、失业保险费和住房公积金（含为职工代扣的部分）分别交纳给社会保险事业基金结算中心和公积金管理中心。

10. 29 日，职工报销学习科学文化学费 900 元和家属医药费 750 元，发生职工生活困难补助费 300 元，一并以现金支付。

二、要求 编制会计分录。

习题二 练习长期借款的核算

一、资料 国泰宾馆发生下列有关的经济业务。

1. 2009 年 5 月 31 日，为建造餐厅向建设银行借入专门借款 480 000 元，转入银行存款户；借款合同规定 2 年到期，年利率为 8%，单利计息，到期一次还本付息。

2. 2009 年 6 月 1 日，餐厅由民生建筑公司承建，当即签发转账支票支付第一期工程款 350 000 元。

3. 2009 年 6 月 30 日，预提本月份专门借款利息。

4. 2010 年 3 月 31 日，收到尚未动用的专门借款存入银行的利息收入 878 元。

5. 2010 年 3 月 31 日，签发转账支票支付建造餐厅第二期工程款 178 000 元。

6. 2010 年 4 月 30 日，预提本月份专门借款利息费用和在建工程占用 48 000 元一般借款的利息费用，一般借款的资本化率为 7.8%。

7. 2010 年 5 月 31 日，建造餐厅工程竣工验收合格，签发转账支票 22 000 元，付清民生建筑公司建造餐厅的全部款项。

8. 2010 年 5 月 31 日，餐厅已达到预定可使用状态，并验收使用，建造餐厅工程决算为造价和建造期间的利息费用，减去尚未动用专门借款存入银行的利息收入，予以转账。

9. 2010 年 6 月 30 日，预提本月份专门借款利息。

二、要求 编制会计分录。

习题三 练习应付债券的核算

一、资料

（一）康达旅行社为建造营业厅，决定按面值 540 000 元发行债券。债券票面利率为 8%，期限为 2 年，到期还本付息。现发生下列有关的经济业务。

1. 2008 年 5 月 28 日，以银行存款支付债券发行费用 8 100 元。

2. 2008 年 5 月 31 日，按面值发行 540 000 元的债券发行完毕，收到债券发行款，存入银行。

3. 2008 年 6 月 1 日，以银行存款支付建造营业厅第一期工程款 300 000 元。

4. 2008 年 6 月 30 日，按 8% 年利率预提本月份债券利息。

5. 2009 年 8 月 31 日，收到发行债券尚未动用的 240 000 元资金的利息收入 2 430 元。

6. 2009 年 8 月 31 日，建造营业厅已竣工，以银行存款支付建造营业厅剩余工程款 240 000 元。

7. 2009 年 8 月 31 日，建造的营业厅已达到预定可使用状态，并验收使用，根据工程的全部决算转账。

8. 2010 年 5 月 31 日，债券到期，签发转账支票偿还本金并支付利息。

（二）上海宾馆为建造客房，发行面值 900 000 元债券，债券票面利率为 9%，期限 3 年，每年付息一次，而金融市场实际利率为 8%。现发生下列有关的经济业务。

1. 2009 年 6 月 28 日，以银行存款支付债券发行费用 13 500 元。

2. 2009 年 6 月 30 日，面值 900 000 元债券发行完毕，收到溢价发行债券的全部款项，存入银行。

3. 2009 年 7 月 8 日，以银行存款支付建造客房第一期工程款 500 000 元。

4. 2009 年 7 月 31 日，按 8% 年利率预提本月份债券利息，并摊销本月份利息调整额。

5. 2010 年 6 月 30 日，签发转账支票支付投资者一年期债券利息。

6. 2010 年 6 月 30 日，收到发行债券尚未动用的款项的利息收入 3 428 元。

7. 2010 年 6 月 30 日，建造的客房竣工，以银行存款支付建造客房剩余工程款 400 000 元。

8. 2010 年 6 月 30 日，建造的客房已达到预定可使用状态，并验收使用，根据工程决算转账。

（三）凯达广告公司补充流动资金的需要，发行面值 300 000 元的债券，债券票面利率为 7%，期限 3 年，每年付息一次，而金融市场实际利率为 8%。现发生下列有关的经济业务。

1. 2009 年 6 月 28 日，以银行存款支付债券发行费用 4 500 元。

2. 2009 年 6 月 30 日，面值 300 000 元的债券发行完毕，收到折价发行债券的全部款项，存入银行。

3. 2009 年 7 月 31 日，按 7% 年利率预提本月债券利息，并摊销本月份利息调整额。

4. 2010 年 6 月 30 日，支付投资者一年期债券利息。

二、要求

（一）根据"资料（一）"，编制会计分录。

（二）根据"资料（二）"、"资料（三）"，分别计算债券的发行价、债券的溢价额和折价额。

（三）根据"资料（二）"和"资料（三）"和"要求（二）"计算的结果，编制会计分录。利息调整额的摊销分别用直线法和实际利率法核算。

习题四 练习长期应付款的核算

一、资料 洞庭湖度假村发生下列有关的经济业务。

1. 1 月 2 日，签发转账支票支付融资租赁游艇发生的手续费、律师费、印花税等初始直接费用 2 200 元。

2. 1 月 2 日，以融资方式租入游艇一台，租赁期为 6 年，租金为 240 000 元，其公允价值为 186 000 元，租赁合同规定年折现率为 8%，租金于每年年末支付 40 000 元。租赁期届满时，再支付购买价款 1 000 元，即取得游艇的所有权，届时该游艇的公允价值为 20 000 元，游艇已达到预定可使用状态，并验收使用。

3. 1 月 31 日，用直线法摊销本月份未确认的融资费用。

4. 12 月 31 日，签发转账支票支付本年度游艇的租金。

5. 6 年后，12 月 31 日租赁期满，按合同规定签发转账支票支付游艇购买价款 1 000 元，取得了游艇的所有权，予以转账。

二、要求 编制会计分录。

习题五 练习预计负债的核算

一、资料 长江旅游公司发生下列有关的经济业务。

1. 2010 年 4 月 27 日，本月初因合同违约而涉及一项诉讼案，根据法律顾问判断，最终的判决很可能对本公司不利。至今尚未收到法院的判决书，据专业人士估计，赔偿金额可能在 100 000 元至 110 000 元之间。

2. 2010 年 4 月 30 日，本月中旬因与泰安公司签订了互相担保协议而成为相关诉讼的第二被告，但至今尚未判决。由于泰安公司经营困难，本公司很可能要承担还款连带责任。据预计，本公司胜诉的可能性为 35%，败诉的可能性为 65%，届时将承担还款金额 99 600 元。

3. 2010 年 6 月 15 日，本公司因合同违约诉讼案经法院判决应赔偿原告 104 000 元，并承担诉讼费 14 100 元，款项于判决生效后 10 日内支付，诉讼费当即签发转账支票付讫。

4. 2010 年 6 月 25 日，签发转账支票 104 000 元，支付合同违约诉讼案的赔偿款。

5. 2010 年 6 月 30 日，本公司因担保协议诉讼案，经法院判决本公司应承担泰安公司的还款连带责任，还款金额为 99 800 元，款项于判决生效后 10 日内支付，并承担诉讼费 12 500 元，诉讼费当即签发转账支票付讫。

二、要求 编制会计分录。

第十一章 所有者权益

思 考 题

一、是非题

1. 所有者权益是投资者对企业的一项无期限的投资，而债权人权益仅是投资者一项暂时性的投资。 （   ）

2. 所有者权益与投资者的投资收益与企业经营的好坏密切相关，而债权人的投资收益与企业经营好坏无关。 （   ）

3. 注册资本可以一次或分次交纳，采取分次交纳的，全体股东的首次出资额不得低于注册资本的20%。 （   ）

4. 优先股比普通股有一定的优先权，因此获得的股利丰厚，投资风险也小。 （   ）

5. 股份支付的确认和计量，应当以真实、有效的股份支付协议为基础。 （   ）

6. 资本公积和盈余公积与企业的净利润均有一定的关系。 （   ）

二、单项选择题

1. 投资者按照企业章程或合同、协议的约定，实际投入企业的资本是_____。
   A. 投入资本　　　　　　B. 注册资本　　　　　C. 实收资本　　　　　D. 资本公积

2. 股份有限公司溢价发行股票时，其超过面值的溢价金额应列入"_____"账户。
   A. 股本——股本溢价　B. 投资收益　　　　　C. 营业外收入　　　　D. 资本公积

3. 股份支付在授予后，公司在等待期内每个会计期末应将取得职工提供的服务计入成本、费用，计入成本、费用的金额应当按照_____的公允价值计量。
   A. 金融工具　　　　　　B. 权益工具　　　　　C. 金融资产　　　　　D. 衍生工具

4. 企业以法定盈余公积转增资本后，按规定保留的余额不应少于注册资本的_____。
   A. 10%　　　　　　　　B. 15%　　　　　　　C. 25%　　　　　　　D. 50%

三、多项选择题

1. 所有者权益包括实收资本、_____。
   A. 资本公积　　　　　　B. 盈余公积　　　　　C. 应付股利　　　　　D. 未分配利润

2. 盈余公积可以用于_____。
   A. 弥补亏损　　　　　　　　　　　　　　　B. 转增企业资本
   C. 发放现金股利或利润　　　　　　　　　　D. 发放职工奖金

3. _____可以转作资本。
   A. 资本公积　　　　　　B. 法定盈余公积　　　C. 任意盈余公积　　　D. 未分配利润

实 务 题

习题一 练习投资者投入资本的核算

一、资料

（一）2009 年 1 月份安顺旅行社新设立，发生下列有关的经济业务。

1. 5 日，鼎新公司投资拨入流动资金 316 000 元，存入银行。

2. 10 日，收到鼎新公司投入的房屋 1 幢，已达到预定可使用状态，并验收使用。该房屋按投资合同约定的 745 000 元计量。

3. 12 日，收到国外投资者爱斯公司投资的 250 000 美元，存入银行，当日美元的中间汇率为 6.82。

4. 20 日，收到鼎新公司投入的游艇 1 艘，已达到预定可使用状态，并验收使用。该游艇按投资合同约定的 234 000 元计量。

2010 年安顺旅行社决定扩大经营规模，经批准将注册资本扩充到 4 000 000 元。6 月份发生下列有关的经济业务。

1. 15 日，收到国外投资者爱斯公司增加的投资额 100 000 美元，存入银行。当日美元的中间汇率为 6.82，投入资金占企业注册资本的 13.64%。

2. 18 日，鼎新公司以其某项非专利技术进行投资，按投资合同约定的 160 000 元计量，并收到其投入现金 408 000 元，存入银行，投入资金占企业注册资本的 11.36%。

（二）光华宾馆股份有限公司发生下列有关的经济业务。

本公司增发普通股 960 000 股，每股面值 1 元，委托证券公司溢价发行。每股 8.50 元，发行费用 97 920 元，证券公司发行完毕后，扣除发行费用，付来发行款 8 062 080 元，存入银行。

二、要求 编制会计分录。

习题二 练习库存股的核算

一、资料

（一）荣欣宾馆股份有限公司 2009 年年初决定根据股份支付协议，收购本公司 50 000 股普通股奖励本公司职工。年末，对该公司行政管理人员使净利润比上年增长 18% 以上的，奖励 18 000 股；对业务经营人员使营业收入比上年增长 16% 以上的，奖励 32 000 股，授予日该公司普通股公允价值为每股 7.50 元，现发生下列有关的经济业务。

1. 2009 年 1 月 31 日，根据本月份的经营情况，预计能够达到增收增利奖励的目标，将本月份职工提供服务应奖励的金额计入费用。

2. 2009 年 3 月 5 日，购进本公司普通股 50 000 股，每股 7.42 元，另以交易金额的 3‰ 支付佣金，1‰ 交纳印花税，款项一并签发转账支票支付。

3. 2010 年 2 月 21 日，去年公司达到增销增收的奖励目标，予以行权，将 50 000 股库存股奖励给职工，按授予日普通股公允价值确认的金额转账。（查去年 2 月至 12 月均按职工应奖励的金额入账。）

（二）新江旅游股份有限公司"资本公积——股本溢价"账户余额为 1 545 000 元，"盈余公积"账户余额为 712 500 元，现发生下列有关的经济业务。

1. 1 月 8 日，购进本公司普通股 120 000 股，每股 6 元，另以交易金额的 3‰ 支付佣金，1‰ 交纳印花税，款项一并签发转账支票支付。

2. 3 月 5 日，购进本公司普通股 180 000 股，每股 6.05 元，另以交易金额的 3‰ 支付佣金，1‰ 交纳印花税，款项一并签发转账支票支付。

3. 3 月 10 日，今决定将收购本公司的 300 000 股普通股全部予以注销，以减少注册资本，该股份每股面值 1 元，予以转账。

二、要求　编制会计分录。

习题三　练习资本公积和盈余公积的核算

一、资料　飞鸿广告公司原有注册资本 3 800 000 元，留存收益 380 000 元，经批准将注册资本增至 5 000 000 元，12 月份发生下列有关的经济业务。

1. 5 日，今收到淮海公司出资的支票 480 000 元，存入银行。其投入资金占企业注册资本的 7.68%。

2. 8 日，收到国外投资者迪克公司投资的 150 000 美元，存入银行，而当日美元的中间汇率为 6.80。投入的资金占企业注册资本的 16.32%。

3. 31 日，本公司持有的安宝公司按面值发行的 3 年期债券 145 000 元，年利率为 8%，到期一次还本付息，已按持有至到期投资入账，现决定将其重分类为可供出售金融资产，该债券账面价值：成本为 145 145 元，应计利息为 7 750 元，现公允价值为 152 998 元，予以转账。

4. 31 日，本公司持有的以可供出售金融资产入账的天平公司股票 18 000 股，其账面价值成本为 86 013 元，公允价值变动为借方余额 3 026 元，今日该股票每股公允价值为 5.10 元，予以转账。

5. 31 日，本公司持有兴安公司 40% 的股权，采用权益法核算，年末兴安公司除净损益外，所有者权益增加了 35 000 元，持股比例未变，予以转账。

6. 31 日，按本公司净利润 475 000 元的 10% 计提法定盈余公积，6% 计提任意盈余公积。

7. 31 日，经上级批准，分别用资本公积 180 000 元、法定盈余公积 100 000 元和任意盈余公积 50 000 元转增资本。

二、要求　编制会计分录。

第十二章 期间费用和政府补助

思 考 题

一、是非题

1. 管理费用中的燃料费指企业支付的燃料及动力费用，包括饭店的餐饮部门耗用的燃料费用。 （ ）

2. 固定资产折旧费应根据固定资产的使用部门不同分别列入"销售费用"和"管理费用"账户。 （ ）

3. 政府补助具有无偿的和有条件的特征。 （ ）

4. 政府补助为非货币性资产的，可以按照公允价值计量，也可以按照名义金额计量。 （ ）

二、单项选择题

1. 计提固定资产折旧费属于_____方式。
   A. 直接支付　　　　B. 转账摊销　　　　C. 预付待摊　　　　D. 预提待付

2. 支付全年保险费属于_____方式。
   A. 直接支付　　　　B. 转账摊销　　　　C. 预付待摊　　　　D. 预提待付

3. 业务经营部门长期病假人员的工资应列入"_____"账户。
   A. 销售费用　　　　B. 管理费用　　　　C. 营业外支出　　　　D. 应付福利费

三、多项选择题

1. 财务费用由利息支出、_____等组成。
   A. 筹资费用　　　　B. 汇兑损失　　　　C. 手续费　　　　D. 其他财务费用

2. 费用按支付方式不同，可分为_____。
   A. 直接支付　　　　B. 转账摊销　　　　C. 预付待摊　　　　D. 预提待付

3. _____是属于转账摊销的支付方式。
   A. 固定资产折旧　　　　　　　　B. 低值易耗品摊销
   C. 待摊费用摊销　　　　　　　　D. 无形资产摊销

4. 政府补助的主要形式有_____。
   A. 财政拨款　　　　B. 财政拨物　　　　C. 财政贴息　　　　D. 税收返还

5. 政府补助分为_____。
   A. 与资产相关的政府补助　　　　B. 与负债相关的政府补助
   C. 与费用损失相关的政府补助　　D. 与收益相关的政府补助

实　务　题

习题一　练习期间费用科目及其子目的划分

一、资料　新城宾馆 12 月份发生的经济业务如图表 12-2 所示。

图表 12-2

划分期间费用表

经济业务	属于期间费用 应列入的科目、子目	不属于期间费用 应列入的科目
1. 支付接待外宾费用		
2. 分配本月份发放的业务经营业务人员薪酬		
3. 分配本月份发放的行政管理人员薪酬		
4. 支付业务部门照明电费		
5. 摊销业务部门领用行李车的费用		
6. 董事长预支差旅费		
7. 预提本月份短期借款利息		
8. 支付财会部门保险箱修理费		
9. 计提的固定资产减值准备		
10. 餐厅领用酒杯、盘子等餐具		
11. 因业务需要而发生的快递费		
12. 支付明年的财产保险费		
13. 支付企业因应诉发生的费用		
14. 行政管理部门领用办公用品费用		
15. 支付招待客户而发生的费用		
16. 支付为绿化而购买树木的账款		
17. 业务员出差回来报销差旅费		
18. 职工报销家属医药费		
19. 计提由企业行政管理部门负担的失业保险费		
20. 摊销行政管理部门领用办公桌的费用		
21. 支付电视台宣传经营项目的广告费		
22. 支付业务部门大客车的修理费用		
23. 企业因办理结算支付给金融机构的手续费		
24. 向咨询机构进行经营管理咨询的费用		
25. 支付经营账簿上使用的印花税款		
26. 支付为职工提供工作餐的费用		
27. 支付排污费用		

二、要求　指出上列经济业务是否属于期间费用开支范围。若属于期间费用开支范围，应填明科目及子目；若不属于期间费用开支范围，应填明列支的会计科目。

习题二　练习期间费用的核算

一、资料　天马服装公司 1 月份发生下列有关的经济业务。

1. 2 日，签发转账支票支付今年的财产保险费 27 000 元。
2. 3 日，业务员刘欢去海南联系工作，预支差旅费 2 200 元，以现金付讫。
3. 5 日，签发转账支票支付本月份电视台广告费 1 520 元。

4. 8 日，业务员刘欢出差回来报销差旅费 2 080 元，退回多余现金 120 元，以结清其预支款。

5. 10 日，工资结算单中列明本月应发职工薪酬合计 74 400 元，其中：业务经营人员 63 000 元，行政管理人员 10 000 元，长期病假人员 1 400 元。代扣款项合计 13 710 元，其中：住房公积金 5 208 元，养老保险费 5 952 元，医疗保险费 1 488 元，失业保险费 744 元，个人所得税 318 元。实发金额 60 690 元。据以提取现金备发职工薪酬。

6. 10 日，发放本月份职工薪酬。

7. 12 日，提取本月份固定资产折旧费 9 935 元，其中：业务部门 8 890 元，行政管理部门 1 045 元。

8. 16 日，摊销本月份负担的保险费 2 250 元，其中：业务部门 1 650 元，行政管理部门 600 元。

9. 18 日，行政管理部门领用文件柜 1 只，金额 900 元，按五五摊销法摊销。

10. 20 日，收到电力公司的发票，开列电费 2 550 元，签发转账支票支付。电费中：业务部门耗用 1 800 元，行政管理部门耗用 750 元。

11. 21 日，签发转账支票支付给会计师事务所查账验资费用 1 720 元。

12. 23 日，业务部门报废行李车 1 辆，其账面原值 1 250 元，已摊销了 50%，残值出售，收到现金 80 元。

13. 24 日，签发转账支票支付本月份联系业务的快递费 270 元。

14. 24 日，签发转账支票支付本月份业务经营所发生的电信费 720 元。

15. 25 日，提取本月份坏账准备 305 元。

16. 28 日，分配本月份各类人员发放的职工薪酬。

17. 29 日，按本月份工资总额的 14%、2% 和 1.5% 分别计提职工福利费、工会经费和职工教育经费。

18. 29 日，按本月份工资总额的 12% 计提医疗保险费。

19. 29 日，按本月份工资总额的 3%、2% 和 7% 分别计提养老保险费、失业保险费和住房公积金。

20. 30 日，将本月份应交纳的医疗保险费、养老保险费、失业保险费和住房公积金（含为职工代扣的部分）分别交纳给社会保险事业基金结算管理中心和公积金管理中心。

21. 30 日，本月份客房部领用客人使用的洗发液、沐浴露等用品一批，共计金额 1 275 元，行政管理部门领用复印纸、水笔、文件夹等用品一批，共计金额 270 元，予以转账。

22. 31 日，签发转账支票支付为绿化环境购入的树木款 1 160 元。

23. 31 日，本月份短期借款平均余额为 280 000 元，月利率为 6‰，计提本月份应负担的利息。

24. 2 个月后，31 日，银行开来短期借款计息单，系支付第一季度短期借款利息 4 980 元，查 2 月份预提短期借款利息 1 590 元，予以转账。

二、要求

（一）编制会计分录。

（二）根据编制的会计分录分别登记"销售费用"和"管理费用"明细账。

习题三　练习政府补助的核算

一、资料　嘉博宾馆发生下列有关的经济业务。

1. 4月1日，收到当地政府作为补助拨付的环保设备1台，该设备的公允价值为84 000元，已达到预定可使用状态，并由业务部门验收使用。

2. 4月2日，由于吸收2位中年残疾人员就业，收到地方政府补助86 400元，存入银行。

3. 4月30日，吸收的2位残疾人员，预计工作9年，确认本月份收入。

4. 5月31日，政府补助拨付的环保设备预计使用寿命为5年，计提其本月份折旧，并确认本月份收益。

二、要求　编制会计分录。

第十三章 税金和利润

思 考 题

一、是非题

1. 流转税有营业税、增值税、城市维护建设税和教育费附加。 （　　）

2. 利润总额由营业利润和营业外收入净额组成。 （　　）

3. 营业外收入主要包括非流动资产处置利得、债务重组利得、政府补助、盘盈利得、捐赠利得和罚款收入等。 （　　）

4. 非流动资产处置损失、债务重组损失、公益性捐赠支出、非常损失、盘亏损失、罚款支出等均属于营业外支出。 （　　）

5. 账目核对是指将企业各种有关账簿记录进行核对，通过核对做到账实相符。 （　　）

6. 对于存在可抵扣暂时性差异的所得额应当按照规定确认递延所得税负债。 （　　）

7. 企业以税前利润弥补 5 年以内的亏损，以税后利润弥补 5 年以上的亏损均不必编制会计分录。 （　　）

8. 企业年终决算后，"利润分配——未分配利润"账户的余额，倘若在借方，表示未分配利润，倘若在贷方，则表示未弥补亏损。 （　　）

二、单项选择题

1. _____属于价外税。
  A. 增值税　　　　　　　　　　　　B. 营业税
  C. 城市维护建设税　　　　　　　　D. 城镇土地使用税

2. _____属于应纳税暂时性差异。
  A. 公益性捐赠　　　　　　　　　　B. 计提坏账准备
  C. 自行开发的无形资产　　　　　　D. 业务招待费

3. _____属于可抵扣暂时性差异。
  A. 赞助支出　　　　　　　　　　　B. 预计负债
  C. 自行开发的无形资产　　　　　　D. 支付各项税收的滞纳金

4. 年终决算报告上交后，次年发现销售成本少计了 5 000 元，予以更正时，应借记"_____"账户；贷记"_____"账户。
  A. 主营业务成本　库存商品　　　　B. 库存商品　主营业务成本
  C. 库存商品　以前年度损益调整　　D. 以前年度损益调整　库存商品

三、多项选择题

1. 永久性差异有_____等内容。

A. 对外投资分回的利润   B. 国债利息收入

C. 赞助支出   D. 计提的资产减值准备

2. _____产生应纳税暂时性差异。

A. 资产的账面价值大于其计税基础   B. 负债的账面价值大于其计税基础

C. 资产的账面价值小于其计税基础   D. 负债的账面价值小于其计税基础

3. 利润分配的内容有_____。

A. 提取法定盈余公积   B. 向投资者分配利润

C. 提取任意盈余分积   D. 上年利润的调整

实 务 题

习题一　练习税金和教育费附加的核算

一、资料

（一）淮海宾馆"应交税费——应交增值税"的三级明细账户2月份的余额分别为：销项税额51 000元，进项税额转出170元，进项税额40 800元，转出未交增值税5 270元。

该宾馆接着发生下列有关的经济业务。

1. 2月28日，该宾馆的客房、餐饮收入为420 000元，舞厅收入为48 000元，分别按5%和20%的税率计提应交营业税。

2. 2月28日，将本月份应交未交的增值税额入账。

3. 2月28日，按7%税率计提城市维护建设税。

4. 2月28日，按3%的教育费附加率计提教育费附加。

5. 2月28日，将本月份"营业税金及附加"结转"本年利润"账户。

6. 3月5日，以银行存款交纳上月的营业税、增值税、城市维护建设税和教育费附加。

（二）太行饭店为小规模纳税人，2月份"主营业务收入——商品销售收入"账户的余额为46 350元，按3%征收率计提本月份应交增值税额。

二、要求　编制会计分录。

习题二　练习利润总额的核算

一、资料

（一）天龙旅游公司1月31日损益类账户余额如下。

贷方余额账户		借方余额账户	
主营业务收入	450 000	主营业务成本	330 000
其他业务收入	18 000	其他业务成本	10 800
公允价值变动损益	1 200	销售费用	55 100
投资收益	2 500	管理费用	39 600
营业外收入	1 800	财务费用	510
		资产减值损失	1 320
		营业外支出	1 570

（二）该公司1月31日又发生下列经济业务。

1. 预提本月份短期借款利息 1 920 元。
2. 摊销应由本月份负担的广告费 1 200 元。
3. 按本月份主营业务收入和其他业务收入的 5% 计提营业税。
4. 按已提营业税的 7% 计提城市维护建设税，3% 计提教育费附加。
5. 将损益类贷方余额的账户结转"本年利润"账户。
6. 将损益类借方余额的账户结转"本年利润"账户。

二、要求

（一）编制会计分录。

（二）登记"本年利润"账户。

习题三 练习所得税费用的核算

一、资料 长春饭店有关资料如下。

1. 第一年利润总额为 540 000 元，所得税税率为 25%，该饭店发生业务招待费 18 800 元，从被投资单位分得股利 12 500 元，影响计税基础的有关账户余额为：坏账准备 4 570 元，固定资产减值准备 8 080 元，预计负债 81 000 元。"无形资产"账户余额为 150 000 元，为刚确认的自行开发的专利权，尚未摊销。

2. 第二年利润总额为 600 000 元，所得税税率为 25%，该饭店发生业务招待费 19 600 元，从被投资单位分得股利 16 000 元，影响计税基础的有关账户余额为：坏账准备 4 710 元，固定资产减值准备 9 690 元，"无形资产"账户中有自行开发的无形资产 150 000 元，已摊销 15 000 元。

二、要求 计算确认所得税费用，并编制相应的会计分录。

习题四 练习利润的核算

一、资料

（一）沪光宾馆 11 月 30 日各有关账户的余额如下。

贷方余额账户		借方余额账户	
主营业务收入	830 000	主营业务成本	555 000
其他业务收入	15 000	其他业务成本	12 000
公允价值变动损益	1 800	营业税金及附加	30 800
投资收益	3 750	销售费用	135 200
营业外收入	1 920	管理费用	42 600
		财务费用	3 690
		资产减值损失	1 880
		营业外支出	2 500

（二）接着又发生下列经济业务。

1. 11 月 30 日，将损益类贷方余额的账户结转"本年利润"账户。
2. 11 月 30 日，将损益类借方余额的账户结转"本年利润"账户。
3. 11 月 30 日，按 25% 税率确认本月份所得税费用。
4. 11 月 30 日，将所得税费用结转"本年利润"账户。
5. 12 月 10 日，以银行存款交纳上月确认的所得税额。

6. 12 月 25 日，预计本月份实现利润总额 66 000 元，按 25% 税率预交本月份所得税额。

7. 12 月 31 日，年终决算利润总额为 736 000 元，已提取并交纳所得税额 161 250 元（不含预交数），发生业务招待费 22 500 元，取得国债利息收入 9 000 元，"递延所得税负债"账户余额为 11 800 元，"递延所得税资产"账户余额为 5 780 元。影响计税基础的有关账户余额为：坏账准备 2 760 元，固定资产减值准备 9 840 元，"无形资产"账户中有自行开发的专利权 118 000 元，已摊销了 82 600 元，清算本年度应交所得税额。

8. 12 月 31 日，将所得税费用结转"本年利润"账户。

9. 次年 1 月 12 日，以银行存款清缴上年度所得税额。

二、要求　编制会计分录。

习题五　练习利润分配的核算

一、资料

（一）华阳广告公司 2009 年共实现净利润 5 500 000 元，接着又发生下列经济业务。

1. 12 月 31 日，按净利润 10% 的比例计提法定盈余公积，按 8% 的比例计提任意盈余公积。

2. 12 月 31 日，按净利润 70% 的比例分配给投资者利润，其中沪江公司投资 70%，华生公司投资 30%。

3. 次年 1 月 18 日，以银行存款支付应付给投资者的利润。

4. 次年 2 月 15 日，年终决算报告经审批后，发现上年度多计提固定资产折旧 16 000元，影响了公司的利润，根据审批意见，予以调整。

5. 次年 2 月 22 日，按 25% 税率调整上年度应交所得税。

6. 次年 2 月 22 日，将以前年度损益结转"利润分配"账户。

7. 次年 2 月 25 日，按调整净利润数额的 10% 计提法定盈余公积，8% 计提任意盈余公积。

（二）张江宾馆股份有限公司有普通股 10 000 000 股，2009 年实现净利润 3 660 000 元，接着又发生下列经济业务。

1. 12 月 31 日，按净利润 10% 的比例计提法定盈余公积。

2. 12 月 31 日，按净利润 5% 的比例计提任意盈余公积。

3. 次年 3 月 10 日，公司宣告将于 3 月 24 日发放现金股利，每 10 股发放现金 0.50 元。

4. 次年 3 月 24 日，经股东大会决议，向普通股股东分派股票股利，每 10 股分派 1.5股，每股面值 1 元，并已办好增资手续，予以转账。

5. 次年 3 月 24 日，以银行存款分派普通股现金股利完毕，予以入账。

二、要求　编制会计分录。

第十四章 财务报表

思 考 题

一、是非题

1. 编制财务报表要求数字真实、计算准确、内容完整和报送及时。（ ）

2. 资产负债表中一年内到期的非流动资产项目应根据"持有至到期投资"和"长期应收款"账户的期末余额分析填列。（ ）

3. 利润表的正表由营业收入、营业利润、利润总额、净利润和每股收益五个部分组成。（ ）

4. 利润分配表中"本年实际金额"栏，应根据"利润分配"账户及其所属明细分类账户的数据分析计算填列。（ ）

5. 现金流量表正表部分由经营活动产生的现金流量、投资活动产生的现金流量、筹资活动产生的现金流量和现金及现金等价物净增加额组成。（ ）

6. 投资活动产生的现金流入量，应由收回投资收到的现金、取得投资收益收到的现金和收到其他与投资活动有关的现金等项目组成。（ ）

7. 公允价值变动收益应作为投资活动产生的现金流量，列入取得投资收益收到的现金项目。（ ）

8. 所有者权益变动表由上年年末余额、本年年初余额、本年增减变动金额和本年年末余额四部分组成。（ ）

9. 附注是指对资产负债表、利润表、现金流量表和所有者权益变动表等报表中列示的项目的文字描述或明细资料。（ ）

10. 反映企业盈利能力的指标主要有营业净利率、净资产收益率和总资产报酬率。（ ）

二、单项选择题

1. 资产负债表中各项的数据应按企业本期总分类账户或明细分类账户中的_____直接填列或经过分析计算调整后填列。
   - A. 期初余额和发生额
   - B. 期末余额
   - C. 期末余额和发生额
   - D. 期初余额和期末余额

2. 资产负债表中"应收账款"项目内除了包括"应收账款"账户所属各明细分类账户借方余额合计数外，还应包括_____。
   - A. "应付账款"账户所属各明细分类账户借方余额合计数
   - B. "预收账款"账户所属各明细分类账户借方余额合计数
   - C. "预付账款"账户所属各明细分类账户借方余额合计数

D. "其他应收款"账户所属各明细分类账户借方余额合计数

3. 利润表各项项目的数据应按企业本期总分类账户的_____直接填列或经过计算后填列。

A. 发生额   B. 期末余额

C. 发生额和期末余额   D. 期初余额和期末余额

4. 现金流量表中"借款收到的现金"项目根据_____账户贷方发生额的合计数填列。

A. 应付账款、短期借款、长期借款   B. 短期借款、长期借款、应付债券

C. 短期借款、长期借款   D. 短期借款、长期借款——本金

5. 反映企业长期偿债能力的指标有_____。

A. 流动比率   B. 存货周转率   C. 速动比率   D. 资产负债率

三、多项选择题

1. 财务报表分为_____。

A. 年度财务报表   B. 半年度财务报表   C. 季度财务报表   D. 月度财务报表

2. 通过对资产负债表的分析，可以了解企业资产的分布是否得当；资产、负债和所有者权益之间的结构是否合理；企业的财务实力是否雄厚；_____等。

A. 短期偿债能力的强弱   B. 盈利能力的强弱

C. 所有者持有权益的多少   D. 财务状况的发展趋势

3. 资产负债表中"应付账款"项目内填列的内容应包括_____。

A. "应收账款"所属各明细分类账户的贷方发生额合计数

B. "应付账款"所属各明细分类账户的贷方发生额合计数

C. "预收账款"所属各明细分类账户的贷方发生额合计数

D. "预付账款"所属各明细分类账户的贷方发生额合计数

4. 现金流量表中"经营活动产生的现金流入量"应由_____和收到其他与经营活动有关的现金等项目组成。

A. 销售商品、提供劳务收到的现金

B. 收到的税费返还

C. 取得债券利息收入收到的现金

D. 处置固定资产、无形资产和其他长期资产收到的现金

5. 现金流量表中"经营活动产生的现金流出量"应由_____和支付其他与经营活动有关的现金等项目组成。

A. 支付给职工以及为职工支付的现金   B. 购建固定资产支付的现金

C. 支付的各项税费   D. 购买商品、接受劳务支付的现金

6. 所有者权益变动表主要反映所有者权益中的实收资本、资本公积、_____等项目的增减变动情况。

A. 盈余公积   B. 应付股利

C. 未分配利润   D. 库存股

7. 反映企业营运能力的指标主要有_____。

A. 流动资产周转率   B. 存货周转率

C. 应收账款周转率　　　　　　　　　　D. 总资产报酬率

实 务 题

习题一　练习财务报表的编制

一、资料　东南宾馆 12 月 31 日的有关资料如下。

（一）年终结账后总分类账户余额如下。

借方余额账户	年末余额	年初余额	贷方余额账户	年末余额	年初余额
库存现金	1 350	1 260	坏账准备	5 750	4 980
银行存款	166 450	158 040	商品进销差价	33 100	31 280
备用金	1 200	1 200			
其他货币资金	16 000	12 000	累计折旧	412 000	196 500
交易性金融资产	90 000	80 000	累计摊销	60 000	50 000
应收票据	18 000	16 000	固定资产减值准备	8 800	1 500
应收账款	243 750	235 480	短期借款	120 000	110 000
应收利息	6 000	4 000	应付票据	18 500	18 700
其他应收款	12 000	11 000	应付账款	46 000	48 100
在途物资	18 200	16 800	应付职工薪酬	20 750	19 900
原材料	174 800	164 240	应交税费	19 850	18 900
库存商品	136 300	130 310	应付股利	282 000	256 500
低值易耗品	82 800	85 930	其他应付款	8 000	9 000
待摊费用	30 000	27 900	长期借款	150 000	150 000
持有至到期投资	154 000	144 000	应付债券	605 000	540 000
固定资产	3 002 800	2 705 000	递延所得税负债	12 500	15 000
在建工程	145 600	72 200	实收资本	2 400 000	2 200 000
无形资产	120 000	120 000	资本公积	29 600	229 600
长期待摊费用	54 000	60 000	盈余公积	155 280	95 120
递延所得税资产	5 600	7 600	利润分配	91 720	57 880

（二）有关明细分类账户的余额如下。

	期末余额	年初余额
1. "应收账款"账户借方余额	251 750	242 980
"应收账款"账户贷方余额	8 000	7 500
2. "应付账款"账户借方余额	30 000	27 000
"应付账款"账户贷方余额	76 000	75 100
3. "持有至到期投资"账户中一年内到期的债券	54 000	49 000
4. "长期待摊费用"账户中一年内到期的待摊费用	6 000	6 000
5. "应付债券"账户中一年内到期的债券	45 000	40 000

（三）本年损益类账户净发生额如下。

账户名称	12 月数	1~11 月数
主营业务收入	255 200	2 688 000

其他业务收入	4 800	52 000
主营业务成本	56 900	602 300
其他业务成本	2 200	23 600
营业税金及附加	14 300	150 700
销售费用	78 100	841 100
管理费用	58 600	639 400
财务费用	2 800	30 000
资产减值损失	1 120	11 680
公允价值变动损益	135	1 465
投资收益	1 865	11 735
营业外收入	900	7 700
营业外支出	1 080	9 920
所得税费用	10 950	113 050

（四）利润分配明细分类账户净发生额如下。

账户名称	本年余额	上年余额
提取法定盈余公积	37 600	34 200
提取任意盈余公积	22 560	20 520
应付现金股利或利润	282 000	256 500

（五）上年净利润为 342 000 元，上年初未分配利润为 27 100 元。

（六）有关明细账户的年末余额和年初余额如下。

账户名称	年末余额	年初余额
交易性金融资产——现金等价物	50 000	45 000
应交税费——未交增值税	204	187
应交税费——应交所得税	4 550	3 800
持有至到期投资——应计利息	4 000	1 000

（七）有关总分类账户和明细分类账户的发生额如下。

账户名称	借方金额	贷方金额
交易性金融资产	90 000	80 000
其中：现金等价物	60 000	55 000
应收利息	6 000	4 000
其他应收款	7 200	6 200
坏账准备——应收账款	4 730	5 500
待摊费用	30 000	27 900
持有至到期投资	80 000	70 000
其中：应计利息	4 000	1 000
固定资产	490 500	192 700
累计折旧	132 000	347 500
在建工程	150 000	76 600
固定资产减值准备		7 300
累计摊销		10 000

长期待摊费用		6 000
短期借款	110 000	120 000
应付职工薪酬	361 150	362 000
应交税费——应交所得税——销项税额		10 200
应交税费——应交增值税——进项税额	8 160	
应交税费——未交增值税——转入未交增值税	2 023	
应交税费——应交所得税	123 750	124 500
应付股利	256 500	282 000
其他应付款	7 600	6 600
应付债券	40 000	105 000
其中：应计利息	8 000	10 000

（八）有关明细账户净发生额如下。

1. 销售费用有关明细账户净发生额如下。

职工薪酬	280 000
保险费（待摊费用转入）	22 320
折旧费	296 000
修理费（长期待摊费用转入）	6 000
低值易耗品摊销	4 700
物料消耗	10 100

2. 管理费用有关明细账户净发生额如下。

职工薪酬	72 000
保险费（待摊费用转入）	5 580
折旧费	51 500
无形资产摊销	10 000
税金	5 240
低值易耗品摊销	1 780
其他费用——物料消耗	820

3. 财务费用有关明细账户净发生额如下。

利息支出	29 780
发行债券费用	100
汇兑损失	1 500

4. 其他业务成本有关明细账户净发生额如下。

| 职工薪酬 | 10 000 |

5. 营业外收入有关明细账户净发生额如下。

| 非流动资产处置利得——固定资产 | 5 670 |
| 罚款收入现金 | 2 930 |

6. 营业外支出有关明细账户净发生额如下。

非流动资产处置损失——固定资产	3 300
罚款支出现金	1 700
捐赠支出现金	6 000

（九）其他有关资料如下。

1. 出售与报废固定资产以现金支付处置费用 1 630 元，出售固定资产与固定资产残料收入现金 72 000 元。

2. 增加固定资产和在建工程的数额中除固定资产中有 76 600 元系在建工程转入，在建工程有 10 000 元系应付债券的利息外，其余的均以现金支付。

（十）该宾馆本年和上年均未发生会计政策变更和前期差错更正业务，本年将 200 000 元资本公积转增资本，上年所有者追加投资 200 000 元，上年金额中的上年年末金额实收资本为 2 000 000 元，资本公积为 229 600 元，盈余公积为 40 400 元，未分配利润为 27 100 元。

二、要求

（一）根据"资料（一）"、"资料（二）"，编制资产负债表。

（二）根据"资料（三）"，编制利润表。

（三）根据"资料（四）"、"资料（五）"和利润表，编制利润分配表。

（四）根据"资料（六）"、"资料（七）"、"资料（八）"、"资料（九）"和资产负债表等财务报表，编制现金流量表。

（五）根据"资料（十）"和资产负债表、利润分配表，编制所有者权益变动表。

习题二　练习财务报表的分析

一、资料　本章习题一编制的资产负债表和利润表。

二、要求　根据上列资料，进行偿债能力分析、营运能力分析和盈利能力分析。

考 试 题

考 试 题 一

题号	一	二	三	四	五	总分
得分						

一、是非题（每小题 1 分，共 10 分）

1. 旅游餐饮服务企业会计具有会计核算和会计监督两大职能。（　）

2. 企业确认无形资产必须同时满足与该无形资产有关的经济利益很可能流入企业、该无形资产不具备实物形态和该无形资产的成本能够可靠地量的条件。（　）

3. 餐饮企业购进的粮食、调味品和干货都应入库管理。（　）

4. 广告经营者是指受托提供广告设计、制作服务的法人、其他经济组织或者个人。（　）

5. 商品可变现净值是指在日常活动中，商品估计的售价减去商品成本后差额。（　）

6. 重大影响是指对一个企业的经营决策有参与决策的权力，但并不能够控制或者与其他方一起共同控制这些政策的制定。（　）

7. 注册资本可以一次或分次交纳，采取分次交纳的，全体股东的首次出资额不得低于注册资本的 25%。（　）

8. 政府补助为非货币性资产的，应当按照公允价值计量；公允价值不能可靠取得的，按照名义金额计量，名义金额为 1 元。（　）

9. 流转税有营业税、增值税，城市维护建设税和教育费附加。（　）

10. 企业应坚持"钱账分管"的内部控制制度，出纳人员不得兼办费用、收入、债务、债权账簿的登记工作，以及稽核和会计档案的保管工作，以杜绝弊端。（　）

二、单项选择题（每小题 2 分，共 16 分）

1. 会计的核算职能是指将旅游餐饮服务企业已经发生的个别的、大量的经济业务，通过确认、计量、记录、_____，转化为全面、连续、系统的会计信息，以反映旅游餐饮服务企业经济活动的全过程及其结果。

   A. 报告、分析　　　　B. 比较、报告　　　　C. 汇总、分析　　　　D. 报告、汇总

2. 具有清算及时、使用方便、收付双方都有法律保障和结算灵活特点的票据是_____。

   A. 银行本票　　　　B. 银行汇票　　　　C. 支票　　　　D. 商业汇票

3. _____是指非组团旅游公司为组团社派出的翻译、导游人员参加全程陪同，按规定开支的各项费用。

   A. 综合服务成本　　B. 劳务成本　　　　C. 零星服务成本　　D. 其他服务成本

4. 已销商品进销差价计算偏低，那么_____。

A. 期末库存商品价值偏高，毛利也偏高

B. 期末库存商品价值偏高，毛利则偏低

C. 期末库存商品价值偏低，毛利也偏低

D. 期末库存商品价值偏低，毛利则偏高

5. 持有至到期投资重分类为可供出售金融资产时，其账面价值与公允价值之间的差额列入"＿＿＿＿＿"账产。

A. 资本公积 　　　　　　　　　　　B. 公允价值变动损益

C. 投资收益 　　　　　　　　　　　D. 可供出售金融资产——公允价值变动

6. 股份支付在授予后，公司在等待期内每个会计期末应将取得职工提供的服务计入成本、费用，计入成本，费用的金额应当按照＿＿＿＿＿的公允价值计量。

A. 金融资产 　　　　B. 金融工具 　　　　C. 衍生工具 　　　　D. 权益工具

7. ＿＿＿＿＿属于应纳税暂时性差异。

A. 公益性捐赠 　　　　　　　　　　B. 计提坏账准备

C. 业务招待费 　　　　　　　　　　D. 自行开发的无形资产

8. 现金流量表中"借款收到的现金"项目根据＿＿＿＿＿账户贷方发生额的合计数填制。

A. 短期借款、长期借款 　　　　　　B. 短期借款、长期借款——本金

C. 应付账款、短期借款、长期借款 　D. 短期借款、长期借款、应付债券

三、多项选择题（每小题 2 分，共 16 分）

1. 原材料的实际成本由＿＿＿＿＿组成。

A. 买价 　　　　B. 含税价格 　　　　C. 运杂费 　　　　D. 采购费用

2. 企业在确定固定资产折旧使用寿命时，应考虑的因素有该资产的＿＿＿＿＿。

A. 预计生产能力或实物产量 　　　　B. 有关资产使用的法律或类似的限制

C. 预计有形损耗 　　　　　　　　　D. 预计无形损耗

3. 客房出租的主要价格有＿＿＿＿＿。

A. 团队房价 　　　B. 标准房价 　　　C. 实际出租房价 　　　D. 合同房价

4. 借款费用必须同时具备下列＿＿＿＿＿条件的，才能开始予以资本化。

A. 为使资产达到预定可使用或者可销售状态必要的购建或者生产活动已经开始

B. 借款支出已经发生

C. 借款的辅助费用已经发生

D. 资产支出已经发生

5. 财务费用由利息支出、＿＿＿＿＿等组成。

A. 汇兑损失 　　　B. 其他财务费用 　　　C. 筹资费用 　　　D. 手续费

6. ＿＿＿＿＿产生应纳税暂时性差异。

A. 资产的账面价值大于其计税基础

B. 资产的账面价值小于其计税基础

C. 负债的账面价值小于其计税基础

D. 负债的账面价值大于其计税基础

7. 反映企业营运能力的指标主要有＿＿＿＿＿。

A. 总资产报酬率 　　　　　　　　　B. 存货周转率

C. 流动资产周转率 D. 应收账款周转率

8. 企业期末采用即期汇率折算而产生汇总差额的外币项目有_____等。

A. 银行存款 B. 存货 C. 应收账款 D. 应付账款

四、分录题（每小题 2 分，其中第（一）部分第 1、第 19 小题 4 分，共 48 分）

（一）上海凯乐宾馆经营客房，餐饮、旅游和商场经营业务，商场部采用进价金额核算，信用卡手续费率为 1%，现发生下列经济业务。

1. 客房部采取先入住后付款结算方式，该部送来营业收入日报表，表中"营业收入合计"栏为 23 410 元，其中：房费 19 800 元，餐饮费 3 390 元，小酒柜 220 元，"结欠房费"栏内本日收回的金额为 24 380 元，其中现金 18 380 元，信用卡签购单 6 000 元，现金和信用卡签购单已存入银行。

2. 餐饮部购进粳米 900 千克，每千克 4.80 元，猪肉 50 千克，每千克 28 元，粳米和猪肉分别由仓库和厨房验收，账款均以转账支票付讫。

3. 接受黄云龙先生预订酒席 12 桌，每桌 1 600 元，预收 10% 的酒席定金，存入银行。

4. 黄云龙先生的酒席结束，另收取饮料费 3 020 元，扣除预收定金外，其余款项黄云龙先生以信用卡支付；信用卡签购单已存入银行。

5. 宾馆旅游部委托美国芝加哥旅游公司组团来我国上海、桂林等地旅游，芝加哥旅游公司组成了 C1836 旅游团共 30 人，共计旅游费 49 500 美元，旅游协议规定在旅游者入境前要预付预游费的 40%，当即收到对方电汇的 19 800 美元存入银行，当日美元的中间汇率为 6.80。

6. 芝加哥旅游公司的 C1836 旅游团游程结束，已离境回国，旅游部根据各接团社报来的结算通知单，填制"结算账单"，计金额 49 500 美元，并填写托收申请书，办妥向对方托收账款的手续，当日美元的中间汇率为 6.80。

7. 收到银行转来美国芝加哥旅游公司结欠的其余 60% 的旅游费 29 700 美元。当日美元中间汇率为 6.79。

8. 购进钢琴 1 架，专用发票上列明买价 36 000 元，增值税额 6 120 元，并发生运输费 255 元，全部款项一并从银行汇付对方，钢琴已送达，并验收入库。

9. 上项钢琴预计净残值率为 4%，预计使用寿命 10 年，计提其本月份折旧额。

10. 购进办公桌 2 只，每只含税价格 1 000 元，共计 2 000 元，以银行本票付讫，办公桌由行政管理部的领用，按五五摊销法摊销。

11. 商场部向上海工艺品厂购进玉雕狮子 60 只，收到专用发票，列明单价 500 元，计货款 30 000 元，增值税额 3 510 元，款项以商业汇票付讫。

12. 上海工艺品厂发来商场部购进的玉雕狮子 60 只，每只 500 元，计货款 30 000 元，已验收入库。

13. 商场部转来"销货日报表"和"收款日报表"，列明销售各种商品计 21 000 元，货款中信用卡结算的 7 200 元，其余部分为现金结算，结算单据和现金均已解存银行。

14. 购进光明公司股票 12 000 股，每股 9 元，另以交易金额的 3‰ 支付佣金，1‰ 交纳印花税，款项一并签发转账支票付讫。该股票为交易目的而持有。

15. 出售光明公司股票 12 000 股，每股按 9.50 元出售，另以交易金额的 3‰ 支付佣金，1‰ 交纳印花税，收到出售净收入，存入银行。

16. 本月份应发放的职工薪酬合计为 126 000 元，其中业务经营人员 110 000 元，行政管理人员 16 000 元，代扣款项为 22 740 元，其中：住房公积金 8 820 元，养老保险费 10 080 元，医疗保险费 2 520 元，失业保险费 1 260 元，个人所得税 60 元，其余 103 260 元以现金付讫。

17. 本月份领用粳米、精白面粉等粮食类材料 5 060 元，领用海参、香菇等干货类材料 27 500 元，予以转账。

18. 按应收账户期末余额 320 000 元的 1% 计提坏账准备，查"坏账准备"账户余额为 600 元。

19. 年终决算利润总额为 600 000 元，发生业务招待费 20 000 元，对外投资分得税后利润 11 000 元。"递延所得税负债"账户余额为 24 000 元，"递延所得税资产"账户余额为 4 950 元，影响计税基础的有关账户余额为：坏账准备 3 200 元，固定资产减值准备 9 000 元，无形资产"账户有自行开发的专利权 120 000 元，已摊销了 36 000 元，按 25% 税率确认本年度所得税额。前 11 个月已计提了所得税额 118 000 元，清算本年度应交所得税额（列出算式）。

（二）黄浦广告公司发生下列经济业务。

1. 为新欣服装公司制作服装广告，画面制作费为 25 000 元，根据合同规定预收服装广告画面制作费的 40%，存入银行。

2. 服装广告的画面制作完毕，经对方验收合格，当即填制销售发票 25 000 元，予以入账。

3. 收到新欣服装公司付来服装广告画面制作费其余 60% 的账款和本月份服装广告发布费 17 500 元，存入银行。

五、计算题（10 分）

1. 根据下列资料用加权平均法计算原材料耗用成本（3 分）。

原材料明细分类账

品名：粳米　　　　　　　　　　　　　　　　　　　　　　　计量单位：千克

2012 年		凭证号数	摘　要	收　入			发　出			结　存		
月	日			数　量	单　价	金　额	数　量	单　价	金　额	数　量	单　价	金　额
1	1		余额							500	4.80	2 400.00
	5	（略）	发出				320			180		
	8		购进	600	4.85	2 910.00				780		
	12		发出				360			420		
	20		发出				350			70		
	23		购进	550	4.98	2 739.00				620		
	28		发出				380			240		
	31		盘亏				10	4.80	48.00	230		

加权平均单价 = _____

期末结存 = _____

本期发出原材料成本 = _____

2. 根据下列账户净发生额计算利润项目的金额（4 分）。

主营业务收入	320 000	营业外收入	1 880
其他业务收入	15 000	营业外支出	2 700
主营业务成本	62 000	营业税金及附加	18 000
其他业务成本	8 600	资产减值损失	2 060
销售费用	108 100	投资收益	6 000
管理费用	55 000	公允价值变动损益（贷方）	1 500
财务费用	2 760		

（1）营业利润 = _____

（2）利润总额 = _____

3. 根据下列资料计算现金流量表项目的金额（3 分）。

利润表"营业收入"项目为 335 000 元；"应交税费——应交增值税——销项税额"明细账户净发生额为 17 000 元；资产负债表"应收票据"和"应收账款"项目的年初余额分别为 12 000 元和 116 000 元，年末余额分别为 13 500 元和 121 000 元，"坏账准备——应收账款"账户的借贷方发生额分别为 3 100 元和 3500 元。

销售商品、提供劳务收到的现金 = _____

考 试 题 二

题号	一	二	三	四	五	总分
得分						

一、是非题（每小题 1 分，共 10 分）

1. 采用五五摊销法，核算手续较为复杂，但便于控制使用中的实物，它适用于价值较高，使用期限较长的低值易耗品。 （ ）

2. 外购的固定资产应按照购买价款、相关税费、使固定资产达到预定可使用状态前所发生的运输费、装卸费、安装费和专业人员服务费等计量。 （ ）

3. 旅游企业常用的国际结算方式有汇付、托收和旅行支票。

4. 为了既满足管理上的需要，又简化计算手续，可采用换算的方法，将成本毛利率计算为销售毛利率。 （ ）

5. 修理企业的成本只核算修理过程中耗用的零配件和修理材料，不核算人工成本。 （ ）

6. 广告、客房、洗染和修理等企业同时具有生产、服务和销售三项功能。 （ ）

7. 债券与长期借款相比较，它具有筹资范围广、流动性大、并可以溢价或折价发行的特点。 （ ）

8. 政府补助的主要形式有财政拨款、财政贴息、政府拨物和税收返还等。 （ ）

9. 企业年终决算后，"利润分配——未分配利润"账户的余额，倘若在贷方，表示未分配利润；倘若在借方，则表示未弥补亏损。 （ ）

10. 反映企业盈利能力的指标主要有营业净利率、净资产收益率和总资产报酬率。
（ ）

二、单项选择题（每小题 2 分，共 16 分）

1. _____是指经过生产加工后构成产品实体的各种原料和材料。

A. 原材料　　　　　B. 原料及主要材料　　　　C. 辅助材料　　　　D. 委托加工材料

2. 企业采用加速折旧法是为了_____。

A. 在较短的时间内收回固定资产的全部投资

B. 在近期内减少企业的利润

C. 在较短的时间内收回固定资产的大部分投资

D. 合理地提取固定资产折旧

3. 预提坏账准备是以信息质量要求中的_____为依据的。

A. 谨慎性　　　　　B. 可比性　　　　　C. 重要性　　　　　D. 相关性

4. 企业确认预计负债的金额应当按照履行相关义务可需支出的_____。

A. 最可能发生的金额　　　　　　　　　B. 一个连续范围的中间值

C. 最佳估计数　　　　　　　　　　　　D. 各种可能结果的相关概率计算确定数

5. 支付全年保险费属于_____方式。

A. 预提待付　　　　B. 直接交付　　　　C. 转账摊销　　　　D. 预付待摊

6. _____属于可抵扣暂时性差异。

A. 赞助支出　　　　　　　　　　　　　B. 自行开发的无形资产

C. 支付各项税收的滞纳金　　　　　　　D. 预计负债

7. 资产负债表中"应收账款"项目内除了包括"应收账款"账户所属各明细账户的借方余额合计数外，还应包括_____。

A. "应付账款"账户所属各明细分类账户借方余额合计数

B. "预付账款"账户所属各明细分类账户借方余额合计数

C. "预收账款"账户所属各明细分类账户借方余额合计数

D. "其他应收款"账户所属各明细分类账户借方余额合计数

8. 企业发生外币业务时，在按外币原币记账外，应还按照外汇交易日的_____将外币金额折算为记账本位币金额记账。

A. 买入汇率　　　　B. 中间汇率　　　　C. 即期汇率　　　　D. 历史汇率

三、多项选择题（每小题 2 分，共 16 分）

1. 旅游餐饮服务企业的会计科目按照其反映的经济内容不同，可划分为资产类、负债类和_____。

A. 所有者权益类　　　B. 费用类　　　　C. 成本类　　　　D. 损益类

2. 通过"其他货币资金"账户核算的结算方式有_____。

A. 商业汇票　　　　B. 银行汇票　　　　C. 银行本票　　　　D. 信用卡

3. 餐饮经营业务收入可以分为食品销售收入、_____进行明细核算。

A. 饮料销售收入　　　　　　　　　　　B. 酒席销售收入

C. 服务费收入　　　　　　　　　　　　D. 其他收入

4. 户外广告的发布成本有_____等。

A. 阵地费　　　　　　　　　　　　　　B. 广告画面制作费

C. 户外广告登记费　　　　　　　　　　D. 框架制作费

5. 售价金额核算的主要内容有_____。

A. 建立实物负责制　　　　　　　　　　B. 库存商品按售价记账

C. 设置"商品进销差价"账户　　　　D. 加强商品盘点

6. 企业采用权益法核算时，当被投资单位_____时，应增加长期股权投资。

A. 宣告分派现金股利　　　　B. 资本溢价

C. 收到现金股利　　　　D. 实现了净利润

7. 盈余公积可以用于_____。

A. 弥补亏损　　　　B. 转赠企业资本

C. 发放职工奖金　　　　D. 发放现金股利或利润

8. 利润分配的内容有_____。

A. 提取法定盈余公积　　　　B. 提取任意盈余公积

C. 向投资者分配利润　　　　D. 上年利润的调整

四、分录题（每小题2分，其中：第21题4分，共48分）

上海晨光宾馆经营客房、餐饮、旅游和商场经营业务，商场部采用售价金额核算，其信用卡手续费率为1%，现发生下列经济业务：

1. 向新光公司订购床单1 000条，每条含税价格35.10元，共计35 100元，合同规定先预计40%定金，当即签发转账支票支付。

2. 15天后新光公司发来1 000条床单，当即以一个月期限的商业汇票支付其余60%的账款，床单已验收入库，其中300条已由客房部领用，采用一次摊销法摊销。

3. 客房部采取先收款后入住的结算方式，该部送来"营业收入日报表"，表中"营业收入合计"栏金额为24 600元，其中：房费21 100元，餐饮费3 500元；"预收房费"栏内本日预收金额23 900元，其中：现金17 700元，信用卡签购单6 200元，现金和信用卡签购单均已存入银行。

4. 经理室报废传真机1台，原值600元，已摊销了50%，残料出售，收入现金36元。

5. 旅游部组织A912旅游团去美国12日游，陆续收取25人旅游费，每人21 000元，共计52 500元，存入银行。

6. 根据旅游合同规定，25人的A912旅游团每位应付美国旅游公司旅游费2 160美元，共计54 000美元，并在入境前先预付50%，今电汇其27 000美元，当日美元的中间汇率为6.80。

7. 至年末A912旅游团在美国已旅游了5日，按提供劳务总量的比例，确认该团本年度实现的经营业务收入。

8. 餐厅部收款台转来"销货日报表"，列明应收金额17 500元，其中：菜肴和点心14 620元，饮料2 880元；"收款日报表"列明实收金额1 490元，其中：现金12 495元，信用卡签购单5 000元，现金和信用卡签购单均已解存银行，短缺款原因待查。

9. 购进中央空调机一套，专用发票上列明买价100 000元，增值税额17 000元，运输费550元，款项一并以支票付讫，中央空调已交付凯达安装公司安装。

10. 中央空调安装完毕，支付凯达安装公司安装费1 800元，中央空调已达到预定可使用状态，并验收使用。

11. 商场部向人民食品厂购进牛肉干等商品一批，进价金额36 000元，增值税额6 120元，款项以支票付讫。商品的售价为50 000元，由食品柜验收。

12. 食品柜月末盘点清查发现牛奶巧克力120听已近保质期，经批准每听削价为23.40

元，该商品每听原售价为 50 元，增值税税率为 17%，估计销售费用为 0.50 元，成本为 30 元。

13. 年初，从泰兴公司股东中购入该公司 30% 的股权，取得了对泰兴公司的共同控制权，而对价付出资产的账面价值为 2 500 000 元，其中：固定资产 1 200 000 元，已提折旧 240 000 元，其公允价值为 975 000 元，其余 1 540 000 元签发转账支票付讫。

14. 泰兴公司接受本宾馆投资后，可辨认净资产公允价值为 8 500 000 元，按本宾馆享有 30% 的份额予以调整。

15. 年末，泰兴公司利润表上的净利润为 810 000 元，按照本宾馆应享有 30% 的份额予以调整。

16. 分配本月份发放的职工薪酬为 135 600 元，其中：业务经营人员 118 000 元，管理人员 17 600 元。

17. 按上列人员工资总额的 14%、2%、1.5%、3%、2% 和 7% 分别计提职工福利费、工会经费、职工教育经费、养老保险费、失业保险费和住房公积金。

18. 旅游部在接待北京旅游公司中，支付宾馆住宿费 25 000 元，餐饮费 9 800 元，风味小吃费 1 120 元，支付全程陪同费 1 080 元，款项以转账支票支付。

19. 商场部月末"库存商品——食品柜"账户余额为 191 000 元，"商品进销差价——食品柜"账户余额为 111 515 元，"主营业务收入——商品销售业务——食品柜"账户余额为 205 000 元，用差价率推算法调整主营业务成本。

20. 预计本月份实现利润 50 000 元，按 25% 税率预交本月份所得税。

21. 本年实现利润总额 620 000 元，发生业务招待费 21 000 元，赞助支出 9 200 元，国债利息收入 8 800 元。"递延所得税负债"账户余额为 15 750 元，"递延所得税资产"账户余额为 2 950 元，影响计税基础的有关账户余额为：坏账准备 5 200 元，固定资产减值准备 7 600 元，"无形资产"账户中有自行开发的非专利技术 105 000 元，已摊销了 52 500 元，按 25% 税率确认本年度所得税额。前 11 个月已计提了所得税额 134 500 元，清算本年度应交所得税额（列出算式）。

22. 按净利润 475 600 元的 10% 计提法定盈余公积，75% 计提应分配给投资者，其中昌平公司投资 60%，星海公司投资 40%。

23. 次年初，清缴上年度应交所得税额。

五、计算题（10 分）

1. 制定饮食制品的销售价格（每小题 2 分，共 4 分）。

清蒸鳜鱼的成本为 78 元，其销售毛利率为 48%。成本毛利率为 80%，分别用销售毛利率法和成本毛利率法计算其销售价格。

清蒸鳜鱼售价（销售毛利率法）＝_____

清蒸鳜鱼售价（成本毛利率法）＝_____

2. 列明下列账户余额所对应的资产负债表的项目（每小题 0.5 分，共 3 分）。

(1)"银行存款"账户余额 （   ） (2)"原材料"账户余额 （   ）

(3)"应收账款"明细账户贷方余额（   ） (4)"累计折旧"账户余额 （   ）

(5)"本年利润"贷方余额 （   ） (6)"预付账款"明细账户贷方余额（   ）

3. 根据下列资料计算现金流量表项目的金额（3 分）。

利润表"营业成本"项目为720 000元,"应交税费——应交增值税——进项税额"账户净发生额为20 400元;"销售费用——物料消耗"明细账户净发生额为7 880元;"管理费用——低值易耗品摊销"明细账户净发生额为8 330元;资产负债表"存货"项目的年初余额为384 200元,年末余额为399 800元,"应付票据"和"应付账款"项目的期初余额分别为19 020元和99 120元;期末余额分别为21 100元和111 280元,"存货跌价准备"账户借、贷方发生额分别为5 800元和6 500元。

购买商品、接受劳务支付的现金 = _____

习题解答部分

第一章 总 论

思 考 题

一、是非题

1. √ 2. × 3. × 4. × 5. × 6. √

二、单项选择题

1. C 2. D 3. B

三、多项选择题

1. AD 2. ACD 3. ABD 4. ABC

第二章 货币资金和结算业务

思 考 题

一、是非题

1. × 2. × 3. √ 4. √ 5. × 6. × 7. √ 8. × 9. √ 10. × 11. ×
12. ×

二、单项选择题

1. A 2. B 3. D 4. D 5. C 6. A 7. B

三、多项选择题

1. ABCD 2. ABCD 3. ACD 4. BCDEF 5. ABD 6. AB 7. ABD

实 务 题

习题一 练习货币资金的核算

会 计 分 录

2011 年 月	2011 年 日	凭证号数	摘 要	科目及子细目	借方金额	贷方金额
1	2	1	提取现金	库存现金 　银行存款	2 000.00	2 000.00
	2	2	拨付备用金	备用金——业务部门 备用金——总务部门 　库存现金	1 000.00 1 000.00	2 000.00
	8	3	业务部门报账	销售费用——差旅费 管理费用——业务招待费 管理费用——其他费用 　库存现金	180.00 450.00 210.00	840.00
	10	4	总务部门报账	管理费用——公司经费 管理费用——修理费 　库存现金	706.00 180.00	886.00

习题二　练习票据和信用卡结算的核算

会 计 分 录

2011年 月	日	凭证号数	摘　要	科目及子细目	借方金额	贷方金额
3	1	1	购进大米	在途物资——大米 　银行存款	5 400.00	5 400.00
	3	2	提供客房服务收入	银行存款 　主营业务收入——房费	3 780.00	3 780.00
	5	3	提取现金	库存现金 　银行存款	1 200.00	1 200.00
	8	4	申请银行汇票	其他货币资金——银行汇票 　银行存款	180 000.00	180 000.00
	10	5	购进大客车	固定资产 　其他货币资金——银行汇票	175 000.00	175 000.00
	12	6	收到银行汇票使用后的余款	银行存款 　其他货币资金——银行汇票	5 000.00	5 000.00
	14	7	购进各种工艺品	在途物资——工艺品 　应付票据——面值——安远工艺品公司	27 000.00	27 000.00
	15	8	提供客房和会议室收入	应收票据——面值——黄兴公司 　主营业务收入——房费	17 100.00	17 100.00
	18	9	存入信用卡备用金	其他货币资金——信用卡存款 财务费用 　银行存款	15 000.00 40.00	15 040.00
	20	10	购进猪肉	在途物质——猪肉 　其他货币资金——信用卡存款	7 600.00	7 600.00
	22	11	兑付商业汇票款	应付票据——面值——东风公司 应付票据——利息——东风公司 财务费用——利息支出 　银行存款	15 000.00 72.00 63.00	15 135.00
	24	12	将上月收到的不带息商业汇票申请贴现	银行存款 财务费用——利息支出 　应收票据——面值	17 773.20 226.80	18 000.00
	26	13	信用卡结算客房服务收入	银行存款 财务费用——手续费 　主营业务收入——房费	6 540.60 59.40	6 600.00
	28	14	将上月收到的带息商业汇票申请贴现	银行存款 财务费用——利息支出 　应收票据	19 071.83 128.17	19 200.00
	31	15	计提已签发的带息商业汇票利息	财务费用——利息支出 　应付票据——利息——安远工艺品公司	91.80	91.80
	31	16	计提收到带息商业汇票利息	应收票据——利息——黄兴公司 　财务费用——利息支出	54.72	54.72

习题三 练习转账结算的核算

会 计 分 录

2011年 月	日	凭证号数	摘　要	科目及子细目	借方金额	贷方金额
6	2	1	函购小汽车	应付账款——上海汽车厂 银行存款	200 000.00	200 000.00
	5	2	电汇开立采购专户	其他货币资金——外埠存款 银行存款	25 000.00	25 000.00
	8	3	购进海鲜	在途物资——海鲜 其他货币资金——外埠存款	22 920.00	22 920.00
	10	4	转来信汇收账通知	银行存款 应收账款——中原公司	3 600.00	3 600.00
	12	5	结清采购专户，余款退回银行	银行存款 其他货币资金——外埠存款	2 080.00	2 080.00
	15	6	收到函购小汽车发票，余款汇回存入银行	固定资产 银行存款 应付账款	196 800.00 3 200.00	200 000.00
	20	7	结清预订客户和会议室收入	应收账款——中原公司 库存现金 主营业务——房费	3600.00 150.00	3 750.00
	25	8	购进鱼翅	在途物资——鱼翅 银行存款	18 800.00	18 800.00
	28	9	支付本月自来水费	销售费用 管理费用 银行存款	1 000.00 200.00	1 200.00

习题四 练习编制银行存款余额调节表

银行存款余额调节表

2011 年 4 月 30 日

单位：元

项　目	金　额	项　目	金　额
银行存款日记账余额	135 260	银行对账单余额	11 7030
加：银行已收账，而企业尚未收账数		加：企业已收账，而银行尚未收账数： 转账支票#66294（收到客房款）	18 840
减：银行已付账，而企业尚未付账数： 短期借款计息单 特约委托及款（水费）	5 670 840	减：企业已付账，而银行尚未付款数： 转账支票#33423（支付材料款）	7 120
调节后余额	128 750	调节后余额	128 750

习题五　练习外币业务的核算

会 计 分 录

2011年 月	2011年 日	凭证号数	摘　要	科目及子细目	借方金额	贷方金额
1	5	1	进口音响设备一套	固定资产 　银行存款——美元户（9 000×6.81）	61 290.00	61 290.00
	12	2	收到旅行社付来旅游账款	银行存款——美元户（28 000×6.81） 　主营业务收入	190 680.00	190 680.00
	15	3	提现备发工资	库存现金——美元户（7 500×6.82） 　银行存款——美元户（7 500×6.82）	51 150.00	51 150.00
	20	4	美元兑换人民币存入银行	银行存款——人民币户（4 500×6.81） 财务费用——汇兑损失 　银行存款——美元户（4 500×6.83）	30 645.00 90.00	30 735.00
	26	5	收到前欠账款	银行存款——美元户（6 000×6.82） 　应收账款——亨特公司	40 920.00	40 920.00
	31	6	调整本月银行存款——美元户余额	财务费用——汇兑损失 　银行存款——美元户	55.00	55.00

银行存款－美元户

2011年 月	2011年 日	凭证号数	摘　要	借　方 外币	借　方 汇率	借　方 人民币	贷　方 外币	贷　方 汇率	贷　方 人民币	余　额 外币	余　额 汇率	余　额 人民币
1	1		上年结转							16 000	6.82	109 120
	5	1	支付音响设备款				9 000	6.81	61 290	7 000		47 830
	12	2	收到旅游业务款	28 000	6.81	190 680				35 000		238 510
	15	3	提现				7 500	6.82	51 150	27 500		187 360
	20	4	兑换人民币				4 500	6.83	30 735	23 000		156 625
	26	5	收到前欠账款	6 000	6.82	40 920				29 000		197 545
	31	6	月末汇率调整						55	29 000	6.81	197 490
1	31		本月合计	34 000		231 600	21 000		143 230	29 000	6.81	197 490

第三章 存 货

思考题

一、是非题

1. × 2. × 3. √ 4. × 5. √ 6. √ 7. √

二、单项选择题

1. C 2. C 3. A 4. C

三、多项选择题

1. ABD 2. ABCD 3. AD 4. CD 5. ABC

实 务 题

习题一 练习原料及主要材料的核算

会 计 分 录

2011年 月	日	凭证号数	摘　要	科目及子细目	借方金额	贷方金额
4	2	1	承付海参货款、增值税及运费	在途物资——海参 　银行存款	45 240.00	45 240.00
	5	2	购入海参验收入库	原材料——原料及主要材料——干货类 　在途物资——海参	45 240.00	45 240.00
	8	3	购进粳米和精白面粉已验收入库，账款尚未支付	原材料——原料及主要材料——粮食类 　应付账款——冠农粮油公司	5 180.00	5 180.00
	12	4	现金购进牛肉，已直接验收领用	主营业务成本 　库存现金	1 080.00	1 080.00
	18	5	支票购进黑木耳，已验收入库	原材料——原料及主要材料——干货类 　银行存款	2 400.00	2 400.00
	25	6-1	仓库送来盘点海参和精白面粉短缺报告单，原因待查	待处理财产损溢——待处理流动资产损溢 　原材料——原料及主要材料——干货类 　原材料——原料及主要材料——粮食类	418.00	377.00 41.00
		6-2	仓库送来盘点粳米溢余报告单，原因待查	原材料——原料及主要材料——粮食类 　待处理财产损溢——待处理流动资产损溢	19.00	19.00
	26	7-1	短缺的精白面粉系发料过程差错，予以核销	营业支出——盘亏损失 　待处理财产损溢——待处理流动资产损溢	41.00	41.00

2011 年		凭证号数	摘 要	科目及子细目	借方金额	贷方金额
月	日					
		7-2	溢余的粳米系发料过程差错，予以核销	待处理财产损溢——待处理流动资产损溢 营业外收入——盘盈利得	19.00	19.00
	28	8	短缺的海参经批准100元核销转账，其余部分责成保管员赔偿	营业外支出——盘亏损失 其他应收款——保管员 待处理财产损溢——待处理流动资产损溢	100.00 277.00	377.00
	30	9	领用粮食类和干货类材料	主营业务成本——餐饮业务 原材料——原料及主要材料——粮食类 原材料——原料及主要材料——干货类	26 640.00	4 980.00 21 660.00

1. 先进先出法

原料及主要材料明细分类账

原料及主要材料名称：精白面粉　　　编号：102　　　数量单位：千克　　　金额单位：元

2011 年		凭证号数	摘 要	收 入			发 出			结 存		
月	日			数 量	单 价	金 额	数 量	单 价	金 额	数 量	单 价	金 额
2	1		期初结存							900	4.00	3 600.00
	4		领用				300	4.00	1 200.00	600	4.00	2 400.00
	10		领用				400	4.00	1 600.00	200	4.00	800.00
	14		购进	1 200	4.05	4 860.00				1 400	200×4.00 1 200×4.05	5660.00
	16		领用				200	4.00	800.00			
							250	4.05	1 012.50	950	4.05	3 847.50
	20		领用				350	4.05	1 417.50	600	4.05	2430.00
	25		购进	1 000	4.10	4 100.00				1 600	600×4.05 1 000×4.10	6 530.00
	27		领用				400	4.05	1 620.00	1 200	200×4.05 1 000×4.10	4910.00
	28		盘亏				5	4.05	20.25	1 195	195×4.05 1 000×4.10	4889.75
2	28		本月合计	2 200		8 960.00	1 905		7 670.25	1 195		48 89.75

2. 移动加权平均法

原料及主要材料明细分类账

原料及主要材料名称：精白面粉　　　编号：102　　　数量单位：千克　　　金额单位：元

2010 年		凭证号数	摘 要	收 入			发 出			结 存		
月	日			数 量	单 价	金 额	数 量	单 价	金 额	数 量	单 价	金 额
2	1		期初结存							900	4.00	3 600.00
	4		领用				300	4.00	1 200	600	4.00	2 400.00

2010年		凭证号数	摘 要	收 入			发 出			结 存		
月	日			数量	单价	金 额	数量	单价	金 额	数量	单价	金 额
2	10		领用				400	4.00	1 600.00	200	4.00	800.00
	14		购进	1 200	4.05	4 860.00				1 400	4.042 9	5 660.00
	16		领用				450	4.042 9	1 819.31	950	4.042 9	3 840.69
	20		领用				350	4.042 9	1 415.02	600	4.042 9	2 425.67
	25		购进	1 000	4.10	4 100.00				1 600	4.078 6	6 525.67
	27		领用				400	4.078 5	1 631.40	1 200	4.078 6	4 894.27
	28		盘亏				5	4.078 5	20.39	1 195	4.078 6	4 873.88
2	28		本月合计	2 200		8 960.00	1 905		7 686.12	1 195	4.078 6	4 873.88

2 月 14 日加权平均单价 $= \dfrac{800 + 4\,860}{200 + 1\,200} = 4.0429$

2 月 25 日加权平均单价 $= \dfrac{2\,425.67 + 4\,100}{600 + 1\,000} = 4.0785$

3. 综合加权平均法

原料及主要材料明细分类账

原料及主要材料名称：精白面粉　　　　编号：102　　　　数量单位：千克　　　　金额单位：元

2010年		凭证号数	摘 要	收 入			发 出			结 存		
月	日			数量	单价	金 额	数量	单价	金 额	数量	单价	金 额
2	1		期初结存							900	4.00	3 600.00
	4		领用				300			600		
	10		领用				400			200		
	14		购进	1 200	4.05	4860.00				1 400		
	16		领用				450			950		
	20		领用				350			600		
	25		购进	1 000	4.10	4 100.00				1 600		
	27		领用				400			1 200		
	28		盘亏				5	4.00	20.00	1 195		
	28		结转发出材料成本						7 698.22	1 195	4.0517	4 841.78
2	28		本月合计	2 200		8 960.00	1 905		7 718.22	1 195	4.0517	4 841.78

加权平均单价 $= \dfrac{3\,600 + 8\,960 - 20}{900 + 2\,200 - 5} = 4.0517$（元）

期末结存精白面粉金额 $= 1\,195 \times 4.0517 = 4841.78$（元）

发出精白粉成本 $= 3\,600 + 8\,960 - 20 - 4841.78 = 7698.22$（元）

习题二　练习其他原材料的核算

会计分录

2010年 月	日	凭证号数	摘要	科目及子细目	借方金额	贷方金额
4	2	1	承付煤货款、增值税及运费	在途物资——煤 银行存款	5 890.00	5 890.00
	5	2	购入煤验收入库	原材料——燃料 在途物资——煤	5 890.00	5 890.00
	10	3	现金支付豆油货款，已验收入库	原材料——原料及主要材料——其他类 库存现金	380.00	380.00
	15	4	厨房领用豆油和鸡精	主营业务成本 原材料——原料及主要材料——其他类	139.00	139.00
	20	5	支票购进饭碗，已验收入库	原材料——物料用品 银行存款	2 015.00	2 015.00
	25	6	支付洗衣粉和洗洁精账款，物品已验收入库	原材料——物料用品 库存现金	840.00	840.00
	30	7	餐饮部门和行政管理部门耗用煤予以转账	主营业务成本 管理费用 原材料——燃料	3 534.00 589.00	4 123.00
	30	8	总务部门交来耗用物料用品汇总表予以转账	销售费用——清洁卫生费 销售费用——洗涤费 销售费用——物料消耗 销售费用——其他销售费用 管理费用——公司经费 管理费用——修理费 原材料——物料用品	9.00 60.00 1 118.00 324.00 404.00 528.00	2 443.00

习题三　练习低值易耗品的核算

会计分录

2010年 月	日	凭证号数	摘要	科目及子细目	借方金额	贷方金额
3	2	1	预付订购被套40%定金	预付账款——申光床上用品厂 银行存款	8 424.00	8 424.00
	6	2	支票购进落地灯，已验收入库	低值易耗品——库存低值易耗品 银行存款	2 750.00	2 750.00
	10	3-1	客房部领用落地灯	低值易耗品——在用低值易耗品 低值易耗品——库存低值易耗品	2 750.00	2 750.00
		3-2	落地灯五五摊销法摊销	销售费用——低值易耗品摊销 低值易耗品——低值易耗品摊销	1 375.00	1 375.00
3	15	4	购进热火瓶，已验收入库	低值易耗品——库存低温易耗品 银行存款	1 200.00	1 200.00
	18	5	领用热水瓶采用一次摊销法摊销	销售费用——低值易耗品摊销 低值易耗品——库存低值易耗品	1 600.00	1 600.00

2010 年		凭证号数	摘 要	科目及子细目	借方金额	贷方金额
月	日					
3	22	6	被套已验收入库,支付其余60%账款	低值易耗品——库存低值易耗品 预付账款——申光床上用品厂 银行存款	21 060.00	8 424.00 12 636.00
	24	7-1	客房部领用入库的被套	低值易耗品——在用低值易耗品 低值易耗品——库存低值易耗品	10 530.00	10 530.00
		7-2	被套五五摊销法摊销	销售费用——低值易耗品摊销 低值易耗品——低值易耗品摊销	5 265.00	5 265.00
	25	.8	支付客房部吸尘器修理费和行政管理部门打印机修理费	销售费用——修理费 管理费用——修理费 库存现金	360.00 220.00	580.00
	26	9	客房部和行政管理部门各报废吸尘器1台,残料入库	低值易耗品——低值易耗品摊销 原材料 销售费用——低值易耗品摊销 管理费用——低值易耗品摊销 低值易耗品——在用低值易耗品	360.00 60.00 150.00 150.00	720.00
	27	10	行政管理部门盘点发现短缺自行车	待处理财产损溢——待处理流动资产损溢 低值易耗品——低值易耗品摊销 低值易耗品——在用低值易耗品	125.00 125.00	250.00
	29	11	出售客房部使用的旧落地灯	银行存款 销售费用——低值易耗品摊销 低值易耗品——低值易耗品摊销 低值易耗品——在用低值易耗品	750.00 1 250.00 500.00	2 500.00
	31	12	盘点短缺自行车作为企业损失处理,予以转账	营业外支出——盘亏损失 待处理财产损溢——待处理流动资产损溢	125.00	125.00

第四章　固定资产、无形资产和长期待摊费用

思 考 题

一、是非题

1. × 2. √ 3. √ 4. × 5. × 6. √ 7. × 8. √ 9. × 10. × 11. √ 12. × 13. √

二、单项选择题

1. D 2. B 3. C 4. D 5. D 6. B

三、多项选择题

1. AD 2. ABCD 3. BC 4. ACD 5. ACD 6. ACD 7. BD 8. ABD

实 务 题

习题一　练习固定资产取得的核算

会 计 分 录

2011 年 月	2011 年 日	凭证号数	摘　要	科目及子细目	借方金额	贷方金额
6	5	1	购进复印机 1 台，已验收使用	固定资产——生产经营用固定资产 银行存款	16 600.00	16 600.00
	11	2	购进中央空调 1 台，已验收入库	工程物资 银行存款	128 700.00	128 700.00
	16	3	领用中央空调进行安装	在建工程——安装中央空调设备 工程物资	128 700.00	128 700.00
	20	4	接受投入客房 1 幢	固定资产——生产经营用固定资产 实收资本	780 000.00	780 000.00
	25	5	支付中央空调安装费	在建工程——安装中央空调设备 银行存款	3 300.00	3 300.00
	26	6	中央空调安装完毕、已达预定可使用状态、并验收使用	固定资产——生产经营固定资产 在建工程——安装中央空调设备	132 000.00	132 000.00
	30	7	收到外商捐赠设备 1 台，并支付运输费、手续费	固定资产——生产经营用固定资产 营业外收入 银行存款	71 160.00	70 200.00 960.00

习题二　练习固定资产折旧的核算

（一）用年限平均法计算各项固定资产的折旧额。

固定资产折旧额计算表

固定资产名称	计量单位	数量	原始价值	预计使用寿命/年	预计净残值率/%	月折旧额
客房	幢	1	956 000	40	4	1 912.00
餐厅	间	1	180 000	40	4	360.00
办公室	间	1	175 000	40	4	350.00
小汽车	辆	1	120 000	8	5	1 187.50
大客车	辆	1	180 000	5	5	2 850.00
计算机	台	5	40 000	4	4	800.00
合　计	—		1 651 000		—	7 459.50

编制会计分录如下。

会计分录

2011 年 月	日	凭证号数	摘　要	科目及子细目	借方金额	贷方金额
3	20	1	购入复印机 1 台	固定资产——生产经营用固定资产 银行存款	17 550.00	17 550.00
	31	2	计提本月份固定资产折旧额	销售费用——折旧费 管理费用——折旧费 累计折旧	5 922.00 1 537.50	7 459.50
4	30	3	计提本月份固定资产折旧额	销售费用——折旧费 管理费用——折旧费 累计折旧	5 922.00 1 888.50	7 810.50

（二）分别用双倍余额递减法和年数总和法计算大客车和复印机的年折旧额。

1．用双倍余额递减法

大客车折旧额计算表　　　　单位：元

年　次	年初固定资产净值	双倍直线折旧率	折旧额	累计折旧额	年末固定资产净值
1	180 000.00	40%	72 000.00	72 000.00	108 000.00
2	108 000.00	40%	43 200.00	115 200.00	64 800.00
3	64 800.00	40%	25 920.00	141 120.00	38 880.00
4	38 880.00	—	14 940.00	156 060.00	23 940.00
5	23 940.00	—	14 940.00	171 000.00	9 000.00

复印机折旧额计算表　　　　单位：元

年　次	年初固定资产净值	双倍直线折旧率	折旧额	累计折旧额	年末固定资产净值
1	17 550.00	50%	8 775.00	8 775.00	8 775.00
2	8 775.00	50%	4 387.50	13 162.50	4 387.50

续表

年 次	年初固定资产净值	双倍直线折旧率	折旧额	累计折旧额	年末固定资产净值
3	4 387.50	—	1 842.75	15 005.25	2 544.75
4	2 544.75	—	1 842.75	16 848.00	702.00

2. 年数总和法

大客车折旧计算表

单位：元

年 次	原始价值减预计净残值	尚可使用年数	折旧率	折旧额	累计折旧
1	171 000.00	5	5/15	57 000.00	57 000.00
2	171 000.00	4	4/15	45 600.00	102 600.00
3	171 000.00	3	3/15	34 200.00	136 800.00
4	171 000.00	2	2/15	22 800.00	159 600.00
5	171 000.00	1	1/15	11 400.00	171 000.00

复印机折旧计算表

单位：元

年 次	原始价值减预计净残值	尚可使用年数	折旧率	折旧额	累计折旧
1	16 848.00	4	4/10	6 739.20	67 39.20
2	16 848.00	3	3/10	5 054.40	11 793.60
3	16 848.00	2	2/10	3 369.60	15 163.20
4	16 848.00	1	1/10	1 684.80	16 848.00

习题三　练习固定资产折旧和后续支出的核算

会计分录

2011 年 月	日	凭证号数	摘　要	科目及子细目	借方金额	贷方金额
3	1	1	结转扩建餐厅账面价值	在建工程——扩建餐厅 累计折旧 　固定资产	400 000.00 200 000.00	 600 000.00
	2	2	预付客房装修工程款	在建工程——客房装修工程 银行存款	48 000.00	 48 000.00
	15	3	支付扩建餐厅款	在建工程——扩建餐厅 银行存款	260 000.00	 260 000.00
	25	4	餐厅已扩建完毕，达到预定可使用状态	固定资产——生产经营用固定资产 在建工程——扩建餐厅	660 000.00	 660 000.00
	28	5	客房装修工程竣工、支付剩余工程款	在建工程——客房装修工程 银行存款	72 000.00	 72 000.00
	29	6	客房装修工程达到预定可使用状态	长期待摊费用——客房装修费 在建工程——客房装修工程	120 000.00	 120 000.00
	31	7	按分类折旧率计提本月份固定资产折旧额	销售费用——折旧费 管理费用——折旧费 　累计折旧	12 543.33 3 473.39	 16 016.72

续表

2011 年		凭证号数	摘 要	科目及子细目	借方金额	贷方金额
月	日					
4	10	8	支付小汽车大修理费用	管理费用——修理费	17 200. 00	
				银行存款		17 200. 00
	20	9	支付音响设备的小修理费用	销售费用——修理费	1 200. 00	
				银行存款		1 200. 00
	30	10	按分类折旧率计提本月份固定资产折旧额	销售费用——折旧费	12 662. 33	
				管理费用——折旧费	3 473. 39	
				累计折旧		16 135. 72

习题四 练习固定资产处置、清查和减值的核算

会计分录

2010 年		凭证号数	摘 要	科目及子细目	借方金额	贷方金额
月	日					
12	2	1	经领导批准出售小汽车一辆	固定资产清理——出售小汽车	70 000. 00	
				累计折旧	75 000. 00	
				固定资产减值准备	5 000. 00	
				固定资产		150 000. 00
	5	2	出售小汽车收入	银行存款	64 000. 00	
				固定资产清理——出售小汽车		64 000. 00
	6	3	将出售小汽车净损失转账	营业外支出——处置非流动资产损失	6000. 00	
				固定资产清理——出售小汽车		6 000. 00
	10	4	经批准报废清理餐厅 1 幢予以转账	固定资产清理——清理餐厅	23 000. 00	
				累计折旧	521 000. 00	
				固定资产减值准备	6 000. 00	
				固定资产		550 000. 00
	15	5	支付餐厅清理费用	固定资产清理——清理餐厅	9 000. 00	
				银行存款		9 000. 00
	20	6	出售清理餐厅残料，收入存入银行	银行存款	12 500. 00	
				固定资产清理——清理餐厅		12 500. 00
	22	7	将清理餐厅净损失转账	营业外支出——处置非流动资产损失	19 500. 00	
				固定资产清理——清理餐厅		19 500. 00
	26	8-1	将房屋 1 幢拨付南兴饭店，予以转账	固定资产清理——房屋对外投资	471 000. 00	
				累计折旧	240 000. 00	
				固定资产减值准备	9 000. 00	
				固定资产——生产经营用固定资产		720 000. 00
		8-2	按投资合同约定的价值计量	长期股权投资	472 000. 00	
				固定资产清理——房屋对外投资		471 000. 00
				营业外收入——处置非流动资产利得		1 000. 00
	28	9	盘盈摩托车 1 辆予以转账	固定资产——生产经营用固定资产	1 500. 00	
				待处理财产损溢——待处理固定资产损溢		1 500. 00
	29	10	盘亏大客车 1 辆予以转账	待处理财产损溢——待处理固定资产损溢	9 000. 00	
				累计折旧	145 000. 00	
				固定资产减值准备	6 000. 00	
				固定资产——不需用固定资产		160 000. 00

续表

2010 年		凭证号数	摘 要	科目及子细目	借方金额	贷方金额
月	日					
12	30	11-1	盘盈的摩托车经批准核销转账	待处理财产损溢——待处理固定资产损溢 营业外收入——盘盈利得	1 500.00	1 500.00
		11-2	盘亏的大客车经批准核销转账	营业外支出——盘亏损失 待处理财产损溢——待处理固定资产损溢	9 000.00	9 000.00
	31	12	计提音响设备减值准备	资产减值损失——固定资产减值损失 固定资产减值准备	1 100.00	1 100.00

习题五 练习无形资产和长期待摊费用的核算

会计分录

2011 年		凭证号数	摘 要	科目及子细目	借方金额	贷方金额
月	日					
4	30	1	分配专利开发人员工资及计提福利费	研发支出——费用化支出 应付职工薪酬——工资 应付职工薪酬——职工福利	5 700.00	5 000.00 700.00
		2	结转研发支出	管理费用 研发支出——费用化支出	5 700.00	5 700.00
5	2	3	专利进入开发阶段领用原材料	研发支出——资本化支出 原材料	7 200.00	7 200.00
	10	4	支付参与开发专利的费用	研发支出——资本化支出 银行存款	52 200.00	52 200.00
	31	5	分配专利开发人员工资并计提职工福利费	研发支出——资本化支出 应付职工薪酬——工资 应付职工薪酬——职工福利	13 680.00	12 000.00 1 680.00
6	1	6	支付专利权注册登记费、律师费	研发支出——资本化支出 银行存款	16 680.00	16 680.00
	2	7	结转专利项目开发成本	无形资产——专利权 研发支出——资本化支出	89 760.00	89 760.00
	15	8	支付咨询费、手续费取得土地使用权	无形资产——土地使用权 银行存款	738 240.00	738 240.00
	20	9	接受华夏饭店的非专利技术投资	无形资产——非专利技术 实收资本	144 000.00	144 000.00
	30	10	摊销本月份应负担的专利权、土地使用权和非专利技术费用	管理费用——无形资产摊销 累计摊销	3 786.00	3 786.00
7	10	11	将土地使用权出售给大华公司,收入存入银行并按出售收入的5%计提营业税	银行存款 累计摊销 应交税费——应交营业税 无形资产——土地使用权 营业外收入——处置非流动资产利得	540 000.00 180 000.00	27 000.00 660 000.00 33 000.00
	15	12	将一项非专利技术向奉贤饭店投资	长期股权投资 累计摊销 无形资产 营业外收入——处置非流动资产利得	120 000.00 36 000.00	145 000.00 11 000.00

续表

2011 年		凭证号数	摘　要	科目及子细目	借方金额	贷方金额
月	日					
7	30	13	专营权盈利能力下降，计提其减值准备	资产减值准备——无形资产减值损失 　无形资产减值准备	5 000.00	5 000.00
	31	14	支付租入房屋改建为餐厅的改建费用	长期待摊费用——租入固定资产改良支出 　银行存款	108 000.00	108 000.00
8	31	15	摊销应由本月负担的房屋的改建支出	销售费用——销售费用 　长期待摊费用——租入固定资产改良支出	1 000.00	1 000.00

第五章 旅游经营业务

思 考 题

一、是非题

1. × 2. √ 3. × 4. √ 5. × 6. √ 7. ×

二、单项选择题

1. C 2. B

三、多项选择题

1. AB 2. ABD

实 务 题

习题一 练习旅游企业经营业务收入的确认

按提供的劳务占应提供劳务总量的比例，分别确认该旅游团应列入 2009 年和 2010 年的经营业务收入。

$$2009 \text{ 年的经营业务收入} = \frac{616\,000}{14} \times 8 = 352\,000 \text{（元）}$$

$$2010 \text{ 年的经营业务收入} = \frac{616\,000}{14} \times 6 = 264\,000 \text{（元）}$$

习题二 练习旅游企业经营业务收入的核算

（一）广州国际旅游公司。

会计分录

2009 年 月	日	凭证号数	摘 要	科目及子细目	借方金额	贷方金额
12	12	1	收取 36 人组团新疆旅游的旅游款，存入银行	银行存款 　预收账款	270 000.00	270 000.00
	15	2	3 人因故要求退出旅游团，扣除手续费后，以现金退还剩余款项	预收账款 　主营业务收入——其他收入 　库存现金	22 500.00	2 250.00 20 250.00
	20	3	收取 20 人组团美国旅游的旅游款，存入银行	银行存款 　预收账款	450 000.00	450 000.00

续表

2009 年		凭证号数	摘　要	科目及子细目	借方金额	贷方金额
月	日					
12	25	4	预付 A381 旅游团的旅游费	预付账款 　银行存款——美元户(26 400×6.82)	180 048.00	180 048.00
	30	5	B756 旅游团返回，确认已实现的经营业务收入	预收账款 　主营业务收入——组团外联收入	247 500.00	247 500.00
	31	6	确认 A381 旅游团本年度实现的主营业务收入	预收账款 　主营业务收入——组团外联收入	180 000.00	180 000.00

（二）杭州国际旅游公司。

会计分录

2011 年		凭证号数	摘　要	科目及子细目	借方金额	贷方金额
月	日					
4	5	1	收到旅游公司预付旅游费	银行存款——美元户（16 000×6.82） 　预收账款——美国洛杉矶旅游公司	109 120.00	109 120.00
	18	2	游程结束，办妥向对方托收账款手续	预收账款——美国洛杉矶旅游公司 应收账款——美国洛杉矶旅游公司 　主营业务收入——组团外联收入	109 120.00 163 680.00	272 800.00
	25	3	收到结欠的其余60%的旅游费	银行存款——美元户（24 000×6.81） 财务费用——汇兑损失 　应收账款——美国洛杉矶旅游公司	163 440.00 240.00	163 680.00

（三）天盛旅游公司。

会计分录

2010 年		凭证号数	摘　要	科目及子细目	借方金额	贷方金额
月	日					
4	20		根据"旅游费用汇总表"确认经营业务收入	应收账款——各组团社 　主营业务收入——综合服务收入 　主营业务收入——劳务收入 　主营业务收入——地游及加项收入 　主营业务收入——城市间交通费	269 330.00	177 040.00 7 750.00 17 235.00 67 305.00

习题三　练习旅游企业经营业务成本的核算

（一）广州国际旅游公司。

会计分录

2010 年		凭证号数	摘　要	科目及子细目	借方金额	贷方金额
月	日					
12	28	1	支付 B756 旅游团车票款	主营业务成本——组团外联成本 　银行存款	49 500.00	49 500.00

2010 年		凭证号数	摘　要	科目及子细目	借方金额	贷方金额
月	日					
12	31	2	B756 旅游团已到规定的结算日，现按计划成本入账	主营业务成本——综合服务成本 主营业务成本——劳务成本 主营业务成本——地游及加项成本 主营业务成本——其他服务成本 　应付账款——新疆旅游公司	150 000.00 11 560.00 9 080.00 2 360.00	 173 000.00
	31	3	按提供劳务与应提供劳务总量的比例确认 A381 旅游团本年度发生的经营业务成本	主营业务成本 　应付账款——美国旅游公司	120 032.00	 120 032.00
2011 年		4	汇付旅游团费用	主营业务成本——综合服务成本 主营业务成本——劳务成本 主营业务成本——地游及加项成本	40.00 40.00 220.00	
1	2			主营业务成本——其他服务成本 应付账款——新疆旅游公司 　银行存款	100.00 173 000.00	 173 120.00

（二）新疆旅游公司。

会计分录

2010 年		凭证号数	摘　要	科目及子细目	借方金额	贷方金额
月	日					
12	30		支付 B756 旅游团接待费用	主营业务成本——广州国际旅游公司 　　　　——综合服务成本 主营业务成本——广州国际旅游公司 　　　　——劳务成本 主营业务成本——广州国际旅游公司 　　　　——地游及加项成本 主营业务成本——广州国际旅游公司 　　　　——城市间交通费 　银行存款	 108 800.00 3 380.00 7 800.00 30 400.00	 150 380.00

第六章　餐饮经营业务

思 考 题

一、是非题

　　1. ×　2. ×　3. √　4. √　5. √

二、单项选择题

　　1. B　2. C

三、多项选择题

　　1. ACD　2. ABC　3. ABCD　4. BCD

实 务 题

习题一　练习原材料内部调拨和委托加工材料的核算

会计分录

2011 年		凭证号数	摘　　要	科目及子细目	借方金额	贷方金额
月	日					
8	1	1	原材料内部仓库之间调拨	原材料——第一分店仓库	5 100.00	
				原材料——第三分店仓库		5 100.00
	3	2	原材料内部厨房之间调拨	主营业务成本——第二分店厨房	1 080.00	
				主营业务成本——第一分店厨房		1 080.00
	5	3	发出委托加工月饼馅料	委托加工物资——加工月饼馅料	18 390.00	
				原材料——副食类		6 750.00
				原材料——干货类		5 700.00
				原材料——其他类		5 940.00
	5	4	支付各种原材料运杂费	委托加工物资——加工月饼馅料	120.00	
				库存现金		120.00
	9	5	支付月饼馅料加工费用	委托加工物资——加工月饼馅料	5 500.00	
				银行存款		5 500.00
	9	6	支付运回月饼馅料运杂费	委托加工物资——加工月饼馅料	180.00	
				库存现金		180.00
	10	7	加工月饼馅料验收入库	原材料——其他类	24 190.00	
				委托加工物资——加工月饼馅料		24 190.00

习题二　练习餐饮制品成本的核算

会计分录

2011 年 月	日	凭证号数	摘　要	科目及子细目	借方金额	贷方金额
3	1	1	根据月末盘存表作为厨房本月领用的原材料入账	主营业务成本 　原材料	20 580.00	20 580.00
	3	2	支票购进香菇，已验收入库	原材料——干货类 　银行存款	9 600.00	9 600.00
	5	3	购进牛肉、鸡肉、已由厨房验收，账款以商业汇票付讫	主营业务成本 　应付票据	18 000.00	18 000.00
	8	4	支票购进条虾、虾仁已由厨房验收	主营业务成本 　银行存款	12 000.00	12 000.00
	12	5	支票购进大米、精白粉、已验收入库	原材料——粮食类 　银行存款	8 600.00	8 600.00
	18	6	支票购进各种调味品，已验收入库	原材料——其他类 　银行存款	2 500.00	2 500.00
	31	7	仓库经过盘点，结转耗用原材料成本	主营业务成本 　原材料——粮食类 　原材料——干货类 　原材料——其他类	28 670.00	9 590.00 16 700.00 2 380.00
	31	8	经过盘点，据以作假退料入账	主营业务成本 　原材料	19 220.00	19 200.00

习题三　练习食品净料成本的计算

1. 虾仁的单位成本 $= \dfrac{15 \times 60}{12} = 75$ （元/千克）

2. 净笋的单位成本 $= \dfrac{125 \times 20}{55} = 45.45$ （元/千克）

3. 光草鸭单位成本 $= \dfrac{1\,440 - 2 \times 20 - 10}{50} = 27.8$ （元/千克）

4. 净牛肉单位成本 $= \dfrac{4\,320 - 18 \times 8 - 9 \times 5}{88} = \dfrac{4\,131}{88} = 46.94$ （元/千克）

习题四　练习餐饮制品销售价格的制定

（一）销售毛利率法，计算每种菜肴价格。

1. 每锅腌笃鲜销售价格 $= \dfrac{0.3 \times 30 + 0.15 \times 140 + 0.2 \times 45 + 0.2 \times 10 + 3}{1 - 48\%} = 84.62$ （元）

2. 每盒双菇炒冬笋销售价格 $= \dfrac{0.2 \times 42 + 0.15 \times 100 + 0.2 \times 14 + 1}{1 - 48\%} = 52.31$ （元）

3. 每盒清蒸鳜鱼销售价格 $= \dfrac{0.6 \times 120 + 2}{1 - 48\%} = 142.31$ （元）

（二）成本毛利率法，计算每种菜肴价格。

1. 每锅腌笃鲜销售价格 $= (0.3 \times 30 + 0.15 \times 140 + 0.2 \times 45 + 0.2 \times 10 + 3) \times (1 + 80\%)$
$$= 79.2 \text{（元）}$$

2. 每盆双菇炒冬笋销售价格 $= (0.2 \times 42 + 0.15 \times 100 + 0.2 \times 14 + 1) \times (1 + 80\%)$
$$= 48.96 \text{（元）}$$

3. 每盆清蒸鳜鱼销售价格 $= (0.6 \times 120 + 2) \times (1 + 80\%) = 133.20 \text{（元）}$

习题五　练习餐饮企业经营业务收入的核算

（一）编制会计分录。

会计分录

2011 年 月	2011 年 日	凭证号数	摘　要	科目及子细目	借方金额	贷方金额
4	2	1	根据"销货日报表"和"收款日报表"入账	库存现金 银行存款 财务费用——手续费 　主营业务收入——食品销售收入 　主营业务收入——饮料销售收入 　主营业务收入——其他收入 　待处理财产损溢——待处理流动资产损溢	15 262.00 5 542.20 37.80	 17 040.00 3 660.00 140.00 2.00
	2	2	将销货现金解存银行	银行存款 　库存现金	15 262.00	 15 262.00
	3	3	营业溢余款报经批准作为企业收入入账	待处理财产损溢——待处理流动资产损溢 　营业外收入	2.00	 2.00
	4	4	预收 10% 的酒席定金	库存现金 　预收账款——酒席定金	1 440.00	 1 440.00
	5	5	预收 10% 的酒席定金	库存现金 　预收账款——酒席定金	540.00	 540.00
	7	6	酒席结束，扣除预收定金后，其余款项以信用卡支付	银行存款 财务费用——手续费 预收账款——酒席定金 　主营业务收入——食品销售收入 　主营业务收入——饮料销售收入	14 329.86 130.14 1 440.00	 14 400.00 1 500.00
	8	7	停办酒席，将预付定金作为违约金入账	预收账款——酒席定金 　主营业务收入——其他收入	540.00	 540.00

（二）计算确认当日的销售收入，并据以编制会计分录。

鲜肉粽销售数量 $= 128 + 2\ 360 - 138 = 2\ 350$（只）

鲜肉粽销售金额 $= 2\ 350 \times 3.20 = 7\ 520$（元）

豆沙粽销售数量 $= 76 + 1\ 080 - 81 = 1\ 075$（只）

豆沙粽销售金额 $= 1\ 075 \times 2.60 = 2\ 795$（元）

计算 5 月 8 日的销售收入 $= 7\ 520 + 2\ 795 = 10\ 315$（元）

编制会计分录如下：

借：库存现金　　　　　　　　　　　　　　　　　　　　10 315.00

　贷：主营业务收入——食品销售收入　　　　　　　　　　　　　10 315.00

第七章　服务经营业务

思　考　题

一、是非题

1. √　2. ×　3. ×　4. √　5. ×　6. √

二、单项选择题

1. C　2. D　3. D

三、多项选择题

1. AD　2. ABD　3. ACDE　4. DEFH

实　务　题

习题一　练习客房经营业务先收款后入住结算方式的核算

会计分录

2010 年		凭证号数	摘　要	科目及子细目	借方金额	贷方金额
月	日					
4	1	1	根据"营业收入日报表"入账	预收账款 　主营业务收入——房费 　主营业务收入——餐饮费 　主营业务收入——小酒柜	16 030.00	 13 480.00 2 340.00 210.00
	1	2	收到总服务台交来现金、信用卡签购单和转账支票，已全部解存银行	库存现金 银行存款 财务费用 　预收账款——预收房费	7 930.00 8 817.00 63.00	 16 810.00

习题二　练习客房经营业务先入住后收款结算方式的核算

（一）长宁宾馆。

会计分录

2010 年		凭证号数	摘　要	科目及子细目	借方金额	贷方金额
月	日					
4	25	1	根据"营业收入日报表"入账	应收账款 　主营业务收入——房费 　主营业务收入——餐饮费 　主营业务收入——小酒柜	23 480.00	 19 600.00 3 630.00 250.00

续表

2010 年		凭证号数	摘 要	科目及子细目	借方金额	贷方金额
月	日					
	25	2	根据结欠房费栏的"本日收回"各项目数额入账	库存现金 银行存款 财务费用 　应收账款	10 190.00 11 128.00 72.00	21 390.00

（二）卢湾饭店。

会计分录

2010 年		凭证号数	摘 要	科目及子细目	借方金额	贷方金额
月	日					
12	5	1	凌林公司客房款无法收回，作坏账损失处理	坏账准备——应收账款 　应收账款——凌林公司	1 080.00	1 080.00
	31	2	计提本月坏账准备	资产减值损失——坏账损失 　坏账准备——应收账款	1 195.00	1 195.00
	31	3	计提本月坏账准备	资产减值损失——坏账损失 　坏账准备——应收账款	1 345.00	1 345.00

习题三 练习美容经营业务的核算

会计分录

2011 年		凭证号数	摘 要	科目及子细目	借方金额	贷方金额
月	日					
3	15	1	根据营业收入日报表和收款日报表"营业收入"栏的数额入账	库存现金 银行存款 账务费用——手续费 预收账款 　主营业务收入——美容部收入 　主营业务收入——理发部收入	2 830.00 3 964.00 36.00 7 192.00	 7 870.00 6 152.00
	15	2	根据收款日报表中发售消费卡栏中的金额和有关结算凭证入账	库存现金 银行存款 财务费用——手续费 　预收账款	4 100.00 6 937.00 63.00	11 100.00
	15	3	将当天现金全部解存银行	银行存款 　库存现金	6 930.00	6 930.00

习题四 练习广告经营业务的核算

会计分录

2010 年		凭证号数	摘 要	科目及子细目	借方金额	贷方金额
月	日					
6	1	1	预收制作服装灯箱广告画面款的60%	银行存款 　预收账款——沪光服装工司	14 400.00	14 400.00

2010 年 月	日	凭证 号数	摘　　要	科目及子细目	借方金额	贷方金额
	1	2	预付定制灯箱广告框架账款的40%	预付账款——恒通公司 银行存款	102 000.00	102 000.00
	29	3	服装灯箱广告画面制作完毕，填制销售发票予以入账	预收账款——沪光服装公司 应收账款——沪光服装公司 　主营业务收入——广告制作收入	14 400.00 9 600.00	24 000.00
	30	4	支付灯箱广告的场地费	预付账款——辆高架管理公司 银行存款	25 200.00	25 200.00
	30	5	灯箱广告框架已竣工，验收使用，支付其余70%账款	固定资产 　预付账款——恒通公司 　银行存款	255 000.00	102 000.00 153 000.00
	30	6	制作服装广告画面，领用原材料，支付制作和安装人员薪酬，发生费用	主营业务成本——广告制作成本 　原材料 　应付职工薪酬 　银行存款	16 280.00	8 400.00 4 860.00 3 020.00
7	1	7	支付户外广告登记费	主营业务成本——广告发布成本 　银行存款	1 880.00	1 880.00
	5	8	收到广告画面制作其余40%账款	银行存款 　应收账款——沪光服装公司	9 600.00	9 600.00
	31	9	收到本月服装广告发布费	银行存款 　主营业务收入——广告发布收入	16 500.00	16 500.00
	31	10	用直线法计提灯箱广告框架折旧，并将本月份租用的阵地费入账	主营业务成本——广告发布成本 　累计折旧 　预付账款——东西高架管理公司	12 650.00	4 250.00 8 400.00

习题五　练习沐浴经营业务的核算

会计分录

2010 年 月	日	凭证 号数	摘　　要	科目及子细目	借方金额	贷方金额
4	10	1	根据营业收入日报表及现金和信用卡签购单入账	库存现金 银行存款 财务费用 待处理财产损溢——待处理流动资产损溢 　主营业务收入——男子部 　主营业务收入——女子部 　主营业务收入——其他	7 107.00 3 964.00 36.00 20.00	4 152.00 3 492.00 3 483.00
	10	2	将现金解存银行	银行存款 　库存现金	7 107.00	7 107.00
	12	3	查明短款20元是收款工作中差错，经批准作为企业损失	营业外支出 　待处理财产损溢——待处理流动资产损溢	20.00	20.00

习题六 练习洗染经营业务的核算

会计分录

2010 年		凭证号数	摘　　要	科目及子细目	借方金额	贷方金额
月	日					
3	28	1	根据营业收入日报表入账	应收账款	6 430.00	
				主营业务收入——洗烫收入		5 125.00
				主营业务收入——修补收入		280.00
				主营业务收入——织补收入		395.00
				主营业务收入——皮装上光收入		630.00
	28	2	将收取的现金入账	库存现金	6 510.00	
				应收账款		6 510.00
	28	3	将现金解存银行	银行存款	6 510.00	
				库存现金		6 510.00

习题七 练习照相经营业务的核算

会计分录

2010 年		凭证号数	摘　　要	科目及子细目	借方金额	贷方金额
月	日					
3	20		根据营业收入日报表入账	库存现金	4 436.00	
				银行存款	2 774.80	
				财务费用——手续费	25.20	
				主营业务收入——照相收入		5 210.00
				主营业务收入——数码扩印收入		2 026.00

习题八 练习修理经营业务的核算

会计分录

2010 年		凭证号数	摘　　要	科目及子细目	借方金额	贷方金额
月	日					
6	1	1	购进各种修理零配件	原材料	35 100.00	
				银行存款		35 100.00
	10	2	上门修理、清洗空调机，收入存入银行	银行存款	7 600.00	
				主营业务收入		7 600.00
	12	3	上门修理洗衣机，收入存入银行	银行存款	3 560.00	
				主营业务收入		3 560.00
	15	4	修理电视机完工，应收修理费用	应收账款	21 600.00	
				主营业务收入		21 600.00
	16	5	领取修好的电视机，收入存入银行	银行存款	20 100.00	
				应收账款		20 100.00
	28	6	上门修理、清洗空调机、修理洗衣机，收入存入银行	银行存款	14 760.00	
				主营业务收入		14 760.00

2010 年		凭证号数	摘　要	科目及子细目	借方金额	贷方金额
月	日					
6	30	7	修理电视机完工，应收修理费用	应收账款 　　主营业务收入	19 800.00	19 800.00
	30	8	领取修好的电视机，收入存入银行	银行存款 　　应收账款	21 600.00	21 600.00
	30	9	根据修理部门的耗用原材料汇总表，予以转账	主营业务成本 　　原材料	17 750.00	17 750.00

第八章　商场经营业务

思　考　题

一、是非题

1. √　2. √　3. ×　4. ×　5. √　6. ×　7. √　8. ×　9. ×

二、单项选择题

1. A　2. C

三、多项选择题

1. ABCD　2. CD　3. BCD

实　务　题

习题一　练习数量进价金额核算

（一）银河宾馆所属商场。

会计分录

2011年 月	2011年 日	凭证号数	摘　要	科目及子细目	借方金额	贷方金额
6	1	1	购进玉雕白兔，款项以支票付讫	在途物资——恒丰玉器厂 应交税费——应交增值税——进项税额 　银行存款	20 000.00 3 400.00	 23 400.00
	2	2	玉雕白兔已验收入库	库存商品——玉雕白兔 　在途物资——恒丰玉器厂	20 000.00	 20 000.00
	4	3	发现5只玉雕白兔质量不符合要求，作退货处理	应收账款——恒丰玉器厂 　库存商品——玉雕白兔 　应交税费——应交增值税——进项税额	2 340.00	 2 000.00 340.00
	5	4	接受委托代销翡翠挂件，已验收入库	受托代销商品——静安玉器厂 　受托代销商品款——静安玉器厂	24 400.00	 24 400.00
	6	5	接受委托代销檀香扇，已验收入库	受托代销商品——顺昌工艺品厂 　受托代销商品款——顺昌工艺品厂	17 400.00	 17 400.00
	8	6	购进玉手镯、款项以支票付讫，并验收入库	库存商品——玉手镯 应交税费——应交增值税——进项税额 　银行存款	16 800.00 2 856.00	 19 656.00

续表

2011 年		凭证号数	摘　要	科目及子细目	借方金额	贷方金额
月	日					
6	10	7	收到更正发票，补付账款	库存商品——玉手镯 应交税费——应交增值税——进项税额 银行存款	2 700.00 459.00	3 159.00
	12	8	购进珍珠项链，款项支票付讫，已验收入库	库存商品——珍珠项链 应交税费——应交增值税——进项税额 银行存款	18 000.00 3 060.00	21 060.00
	15	9-1	商场销售收入入账	库存现金 银行存款 财务费用——手续费 主营业务收入——商品销售业务	29 200.00 12 410.00 90.00	41 700.00
		9-2	将销售现金解存银行	银行存款 库存现金	29 200.00	29 200.00
	16	10	结转商品销售成本	主营业务成本——商品销售业务 库存商品	30 550.00	30 550.00
	18	11	购进化妆品，款项以商业汇票付讫，已验收入库	库存商品——化妆品 应交税费——应交增值税——进项税额 应付票据——神光化妆品厂	40 800.00 6 936.00	47 736.00
	20	12	收到红字更正发票，应退账款尚未收到	应收账款——神光化妆品厂 库存商品——化妆品 应交税费——应交增值税——进项税额	1 404.00	1 200.00 204.00
	22	13	购进玉手镯、已验收入库、款项以支票付讫	库存商品——玉手镯 应交税费——应交增值税——进项税额 银行存款	32 500.00 5 525.00	38 025.00
	25	14-1	销售代销的翡翠挂件	库存现金 主营业务收入——商品销售业务	16 800.00	16 800.00
		14-2	将现金解存银行	银行存款 库存现金	16 800.00	16 800.00
		14-3	结转商品销售成本	主营业务成本——商品销售业务 受托代销商品——静安玉器厂	12 200.00	12 200.00
		14-4	结转受托代销商品款	受托代销商品款——静安玉器厂 应付账款——静安玉器厂	12 200.00	12 200.00
	27	15-1	销售代销的檀香扇	库存现金 应付账款——顺昌工艺品厂 应交税费——应交增值税——销项税额	12 285.00	10 500.00 1 785.00
		15-2	将现金解存银行	银行存款 库存现金	12 285.00	12 285.00
		15-3	注销代销商品	受托代销商品款——顺昌工艺品厂 受托代销商品——顺昌工艺品厂	8 700.00	8 700.00
	29	16	开出代销檀香扇清单及代销手续费发票予以转账	应付账款——顺昌工艺品厂 其他业务收入	1 800.00	1 800.00
	30	17	收到静安玉器厂专用发票，以支票付讫	应付账款——静安玉器厂 应交税费——应交增值税——进项税额 银行存款	12 200.00 2 074.00	14 274.00
	30	18-1	商场销售收入入账	库存现金 银行存款 财务费用——手续费 主营业务收入——商品销售业务	49 900.00 14 592.00 108.00	64 600.00

续表

2011 年		凭证号数	摘　要	科目及子细目	借方金额	贷方金额
月	日					
6	30	18-2	将销售现金解存银行	银行存款 　库存现金	49 900.00	 49 900.00
		19	结转商品销售成本	主营业务成本——商品销售业务 　库存商品	47 450.00	 47 450.00
		20	扣除代销手续费，支付已售代销商品账款	应付账款——顺昌工艺品厂 应交税费——应交增值税——进项税额 　银行存款	6 900.00 1 479.00	 10 179.00
		21	调整本月份商品销售收入	主营业务收入——商品销售业务 　应交税费——应交增值税——销项税额	17 886.32	 17 886.32

（二）海达宾馆附设商场。

会计分录

2011 年		凭证号数	摘　要	科目及子细目	借方金额	贷方金额
月	日					
5	27	1-1	盘点短缺玉雕熊猫和龙井绿茶	待处理财产损溢——待处理流动资产损溢 　库存商品——玉雕熊猫 　库存商品——龙井绿茶	750.00	 550.00 200.00
		1-2	盘点溢余福建红茶和檀香扇	库存商品——福建红茶 库存商品——檀香扇 　待处理财产损溢——待处理流动资产损溢	120.00 2 900.00	 3 020.00
	28	2	真丝围巾陈旧过时，经批准削价，计提其跌价准备	资产减值损失——存货跌价损失 　存货跌价准备	1 530.00	 1 530.00
	29	3	溢余的檀香扇系多发商品，现补来发票，款项未付	待处理财产损溢——待处理流动资产损溢 应交税费——应交增值税——进项税额 　应付账款——开利工艺品厂	2 900.00 493.00	 3 393.00
	30	4	短缺玉雕熊猫由于保管人员失职造成，40%作为企业损失处理	营业外支出——盘亏损失 其他应收款——责任人 　待处理财产损溢——待处理流动资产损溢	220.00 330.00	 550.00
	31	5-1	龙井绿茶短缺，经批准作为企业损失	营业外支出——盘亏损失 　待处理财产损溢——待处理流动资产损溢	200.00	 200.00
		5-2	福建红茶溢余经批准作为企业收益	待处理财产损溢——待处理流动资产损溢 　营业外收入——盘盈利得	120.00	 120.00
6	6	6-1	销售削价真丝围巾	库存现金 　主营业务收入——商品销售业务 　应交税费——应交增值税——销项税额	3 510.00	 3 000.00 510.00
		6-2	现金存入银行	银行存款 　库存现金	3 510.00	 3 510.00
		6-3	结转商品销售成本	主营业务成本——商品销售业务 　库存商品	3 960.00	 3 960.00
		6-4	结转已计提的存货跌价准备	存货跌价准备 　主营业务成本	1 020.00	 1 020.00

习题二　练习售价金额核算

1. 虹桥饭店所属商场

会 计 分 录

2010年 月	日	凭证 号数	摘　要	科目及子细目	借方金额	贷方金额
12	2	1	购进商品一批,款项的支票付讫	在途物资——上海百货公司 应交税费——应交增值税——进项税额 　　银行存款	34 600.00 5 882.00	 40482.00
	4	2	购进商品一批,由百货柜验收	库存商品——百货柜 　　在途物资——上海百货公司 　　商品进销差价——百货柜	47 800.00	 34 600.00 13 200.00
	6	3	收到上海百货公司更正发票,应补付货款	商品进销差价——百货柜 应交税费——应交增值税——进项税额 　　应付账款——上海百货公司	100.00 17.00	 117.00
	8	4-1	购进长毛绒海宝,款项以商业汇票付讫	在途物资——光明玩具厂 应交税费——应交增值税——进项税额 　　应付票据——光明玩具厂	33 000.00 5 610.00	 38 610.00
		4-2	长毛绒海宝由百货柜验收	库存商品——百货柜 　　在途物资——光明玩具厂 　　商品进销差价——百货柜	45 000.00	 33 000.00 12 000.00
	12	5	复验发现长毛绒海宝质量不符要求,同意退货,收到红字专用发票,商品退还对方,退货款项未收	应收账款——光明玩具厂 商品进销差价——百货柜 　　库存商品——百货柜 　　应交税费——应交增值税——进项税额	1 930.50 600.00	 2 250.00 280.50
	15	6-1	商品销售收入	库存现金 银行存款 财务费用——手续费 　　主营业务收入——商品销售业务——百货柜 　　主营业务收入——商品销售业务——食品柜	119 200.00 19 665.00 135.00	 72 200.00 66 800.00
		6-2	将现金解存银行	银行存款 　　库存现金	119 200.00	 119 200.00
		6-3	转销库存商品	主营业务成本——商品销售业务——百货柜 主营业务成本——商品销售业务——食品柜 　　库存商品——百货柜 　　库存商品——食品柜	72 200.00 66 800.00	 72 200.00 66 800.00
	18	7-1	购进商品一批,款项以支票付讫	在途物资——上海食品公司 应交税费——应交增值税——进项税额 　　银行存款	67 900.00 11 543.00	 79 443.00
		7-2	购进商品由食品柜验收	库存商品——食品柜 　　在途物资——上海食品公司 　　商品进销差价——食品柜	91 800.00	 67 900.00 23 900.00
	21	8	收到上海食品公司红字更正发票,应退货款及增值税	应收账款——上海食品公司 　　商品进销差价——食品柜 　　应交税费——应交增值税——进项税额	1 404.00	 1 200.00 204.00

2010年 月	日	凭证号数	摘　要	科目及子细目	借方金额	贷方金额
12	24	9-1	购进长毛绒熊猫，款项尚未支付	在途物资——光明玩具厂 应交税费——应交增值税——进项税额 应付账款——光明玩具厂	30 000.00 5 100.00	 35 100.00
		9-2	长毛绒熊猫已验收入库	库存商品——百货柜 在途物资——光明玩具厂 商品进销差价——百货柜	42 000.00	 30 000.00 12 000.00
	26	10	收到光明玩具厂更正发票，应补收货款及增值税	商品进销差价——百货柜 应交税费——应交增值税——进项税额 应付账款——光明玩具厂	500.00 85.00	 585.00
	27	11	支付前欠光明玩具厂账款	应付账款——光明玩具厂 银行存款	35 685.00	 35 685.00
	29	12-1	购进夹心巧克力，款项以支票付讫	在途物资——新丰食品厂 应交税费——应交增值税——进项税额 银行存款	29 700.00 5 049.00	 34 749.00
		12-2	夹心巧克力由食品柜验收	库存商品——食品柜 在途物资——新丰食品厂 商品进销差价——食品柜	40 500.00	 29 700.00 10 800.00
	31	13-1	商品进销售收入	库存现金 银行存款 财务费用——手续费 主营业务收入——商品销售业务——百货柜 主营业务收入——商品销售业务——食品柜	116 500.00 17 392.00 108.00	 69 800.00 64 200.00
		13-2	将现金解存银行	银行存款 库存现金	116 500.00	 116 500.00
		13-3	转销库存商品	主营业务成本——商品销售业务——百货柜 主营业务成本——商品销售业务——食品柜 库存商品——百货柜 库存商品——食品柜	69 800.00 64 200.00	 69 800.00 64 200.00
	31	14	调整商品销售成本	商品进销差价——百货柜 商品进销差价——食品柜 主营业务成本——商品销售业务——百货柜 主营业务成本——商品销售业务——食品柜	39 824.00 35 527.20	 39 824.00 35 527.20
	31	15	调整本月商品销售收入	主营业务收入——商品销售业务——百货柜 主营业务收入——商品销售业务——食品柜 应交税费——应交增值税——销项税额	20 632.48 19 034.19	 39 666.67
	31	16	调整主营业务成本	商品进销差价——百货柜 商品进销差价——食品柜 主营业务成本——商品销售业务——百货柜 主营业务成本——商品销售业务——食品柜	39 768.00 35 442.00	 39 768.00 35 442.00

库存商品明细分类账

营业柜组:百货柜　　　　　　　　　　　　　　　　　　　　　单位:元

2010 年 月	日	凭证号数	摘　要	收入金额	发出金额	结存金额
12	1		上月结转			151 000.00
	4	2	购进	47 800.00		198 800.00
	8	4-2	购进	45 000.00		243 800.00
	12	5	退货		2 250.00	241 550.00
	15	6-3	销售		72 200.00	169 350.00
	24	9-2	购进	42 000.00		211 350.00
	31	13-3	销售		69 800.00	141 550.00
12	31		本期发生额及余额	134 800.00	144 250.00	141 550.00

库存商品明细分类账

营业柜组:食品柜　　　　　　　　　　　　　　　　　　　　　单位:元

2010 年 月	日	凭证号数	摘　要	收入金额	发出金额	结存金额
12	1		上月结转			145 000.00
	15	6-3	销售		66 800.00	78 200.00
	18	7-2	购进	91 800.00		170 000.00
	29	12-2	购进	40 500.00		210 500.00
	31	13-3	销售		64 200.00	146 300.00
12	31		本期发生额及余额	132 300.00	131 000.00	146 300.00

商品进销差价明细分类账

营业柜组:百货柜　　　　　　　　　　　　　　　　　　　　　单位:元

2010 年 月	日	凭证号数	摘　要	借方金额	贷方金额	结存金额
12	1		上月结转			41 120.00
	4	2	购进		13 200.00	54 320.00
	6	3	进货补价	100.00		54 220.00
	8	4-2	购进		12 000.00	66 220.00
	12	5	退货	600.00		65 620.00
	24	9-2	购进		12 000.00	77 620.00
	26	10	进货补价	500.00		77 120.00
	31	14	调整销售成本	39 824.00		37 296.00
12	31		本期发生额及余额	41 024.00	37 200.00	37 296.00

商品进销差价明细分类账

营业柜组:食品柜　　　　　　　　　　　　　　　　　　　　　单位:元

2010 年 月	日	凭证号数	摘　要	借方金额	贷方金额	结存金额
12	1		上月结转			39 310.00
	18	7-2	购进		23 900.00	63 210.00
	21	8	进货退价		1 200.00	64 410.00
	29	12-2	购进		10 800.00	75 210.00
	31	14	调整销售成本	35 527.20		39 682.80
12	31		本期发生额及余额	35 527.20	35 900.00	39 682.80

主营业务收入明细分类账

营业柜组:百货柜　　　　　　　　　　　　　　　　　　　　　　　　　　　　单位:元

2010 年		凭证号数	摘　要	借方金额	贷方金额	结存金额
月	日					
12	15	6 – 1	销售		72 200.00	72 200.00
	31	13 – 1	销售		69 800.00	142 000.00
	31	15	调整销售收入	20 632.48		121 367.52
12	31		本期发生额及余额	20 632.48	142 000.00	121 367.52

主营业务收入明细分类账

营业柜组:食品柜　　　　　　　　　　　　　　　　　　　　　　　　　　　　单位:元

2010 年		凭证号数	摘　要	借方金额	贷方金额	结存金额
月	日					
12	15	6 – 1	销售		66 800.00	66 800.00
	31	13 – 1	销售		64 200.00	131 000.00
	31	15	调整销售收入	19 034.19		111 965.81
12	31		本期发生额及余额	19 034.19	131 000.00	111965.81

百货柜差价率 $= \dfrac{77\,120}{141\,550 + 142\,000} \times 100\% = 27.20\%$

百货柜已销商品进销差价 $= 142\,000 \times 27.20\% = 38\,624(元)$

食品柜差价率 $= \dfrac{75\,210}{146\,300 + 131\,000} \times 100\% = 27.12\%$

食品柜已销商品进销差价 $= 131\,000 \times 27.12\% = 35\,527.20(元)$

百货柜销项税额 $= 142\,000 - \dfrac{142\,000}{1 + 17\%} = 20\,632.48(元)$

食品柜销项税额 $= 131\,000 - \dfrac{131\,000}{1 + 17\%} = 19\,034.19(元)$

百货柜库存商品进销差价 $= 141\,550 - 103\,272 = 38\,278(元)$

食品柜库存商品进销差价 $= 146\,300 - 106\,532 = 39\,768(元)$

百货柜已销商品进销差价 $= 77\,120 - 38\,278 = 38\,842(元)$

食品柜已销商品进销差价 $= 75\,210 - 39\,768 = 35\,442(元)$

2. 长宁饭店

会 计 分 录

2010 年		凭证号数	摘　要	科目及子细目	借方金额	贷方金额
月	日					
4	26	1 – 1	百货柜将护肤液调低售价	商品进销差价——百货柜	480.00	
				库存商品——百货柜		480.00
		1 – 2	食品柜将青岛啤酒调高售价	库存商品——食品柜	96.00	
				商品进销差价——食品柜		96.00
	27	2	百货柜短缺商品,原因待查	待处理财产损溢——待处理流动资产损溢	145.80	
				商品进销差价——百货柜	54.20	
				库存商品——百货柜		200.00

2010 年 月	日	凭证号数	摘　要	科目及子细目	借方金额	贷方金额
4	27	3	食品柜溢余商品，原因待查	库存商品——食品柜	120.00	
				商品进销差价——食品柜		32.28
				待处理财产损溢——待处理流动资产损溢		87.72
	28	4－1	百货柜编结衫削价，调整其账面价值	商品进销差价——百货柜	2 310.00	
				库存商品——百货柜[(93－46.80)×50]		2 310.00
		4－2	计提存货跌价准备	资产减值损失——存货跌价损失	1 450.00	
				存货跌价准备		1 450.00
	29	5－1	食品柜巧克力削价，调整其账面价值	商品进销差价——食品柜	702.00	
				库存商品——食品柜[(35.10－23.40)×60]		702.00
		5－2	计提存货跌价准备	资产减值损失——存货跌价损失	390.00	
				存货跌价准备		390.00
	30	6－1	短缺商品经批准作为企业损失	营业外支出——盘亏损失	145.80	
				待处理财产损溢——待处理流动资产损溢		145.80
		6－2	溢余商品经批准作为企业收益	待处理财产损溢——待处理流动资产损溢	87.72	
				营业外收入——盘盈利得		87.72
5	12	7－1	销售削价的编结衫	库存现金	1 170.00	
				主营业务收入——商品销售业务——百货柜		1 170.00
		7－2	结转商品销售成本	主营业务成本——商品销售业务——百货柜	1 170.00	
				库存商品——百货柜		1 170.00
		7－3	结转其计提的存货跌价准备	存货跌价准备	725.00	
				主营业务成本——商品销售业务——百货柜		725.00
	15	8－1	销售削价巧克力	库存现金	702.00	
				主营业务收入——商品销售业务——食品柜		702.00
		8－2	结转商品销售成本	主营业务成本——商品销售业务——食品柜	702.00	
				库存商品——食品柜		702.00
		8－3	结转其计提的存货跌价准备	存货跌价准备	195.00	
				主营业务成本——商品销售业务——食品柜		195.00

第九章 对外投资

思 考 题

一、是非题

1. √ 2. √ 3. × 4. √ 5. × 6. × 7. √ 8. √ 9. ×

二、单项选择题

1. C 2. B 3. D 4. C 5. D 6. A 7. B

三、多项选择题

1. ACD 2. ABC 3. ACD 4. AB 5. CD

实 务 题

习题一 练习交易性金融资产的核算

会 计 分 录

2010年 月	日	凭证号数	摘 要	科目及子细目	借方金额	贷方金额
3	8	1	购进浦江公司股票	交易性金融资产——成本——浦江公司 股票投资收益 　银行存款	80 000.00 320.00	 80 320.00
	12	2	购进长江公司股票	交易性金融资产——成本——长江公司股票 应收股利——长江公司 投资收益 　银行存款	116 000.00 4 000.00 480.00	 120 480.00
	18	3	收到现金股利	银行存款 　应收股利——长江公司	4 000.00	 4 000.00
	25	4	收到现金股利	银行存款 　投资收益	4 200.00	 4 200.00
	31	5	购进振兴公司债券	交易性金融资产——成本——振兴公司债券 投资收益 　银行存款	120 000.00 120.00	 120 120.00
	31	6	购进捷利公司债券	交易性金融资产——成本——捷利公司 债券投资收益 　银行存款	101 300.00 101.30	 101 401.30

续表

2010 年 月	日	凭证号数	摘　要	科目及子细目	借方金额	贷方金额
3	31	7－1	按公允价值调整账面价值	公允价值变动损益——交易性金融资产 　交易性金融资产——公允价值变动——浦江公司股票	1 000.00	1 000.00
		7－2	按公允价值调整账面价值	交易性金融资产——公允价值变动——长江公司股票 　公允价值变动损益——交易性金融资产	5 200.00	5 200.00
	31	8	将公允价值变动损益结转"本年利润"	公允价值变动损益——交易性金融资产 　本年利润	4 200.00	4 200.00
4	10	1	出售浦江公司股票	银行存款 交易性金融资产——公允价值变动——浦江公司股票 　交易性金融资产——成本——浦江公司股票 　投资收益	81 672.00 1 000.00	80 000.00 2 672.00
	20	2	出售长江公司股票	银行存款 　交易性金融资产——成本——长江公司股票 　交易性金融资产——公允价值变动——长江公司股票 　投资收益	125 496.00	116 000.00 5 200.00 4 296.00
	29	3	出售振兴公司债券	银行存款 　交易性金融资产——成本——振兴公司债券 　投资收益	120 479.40	120 000.00 479.40
	30	4	按公允价值调整账面价值	交易性金融资产——公允价值变动——捷利公司债券 　公允价值变动损益——交易性金融资产	600.00	600.00
	30	5	将公允价值变动损益结转"本年利润"	公允价值变动损益——交易性金融资产 　本年利润	600.00	600.00

习题二　练习持有至到期投资的核算

（一）编制会计分录（用直线法摊销利息调整额）。

会计分录

2010 年 月	日	凭证号数	摘　要	科目及子细目	借方金额	贷方金额
3	31	1	面值购进债券	持有至到期投资——成本——科维公司债券 　银行存款	100 100.00	100 100.00
	31	2	溢价购进债券	持有至到期投资——成本——阳光公司债券 持有至到期投资——利息调整——阳光公司债券 　银行存款	180 184.63 4 633.20	184 817.83
	31	3	折价购进债券	持有至到期投资——成本——通海公司债券 　持有至到期投资——利息调整——通江公司债券 　银行存款	150 145.03	4 972.95 145 172.08
4	30	4－1	预计本月应收利息	应收利息——科维公司 　投资收益	666.67	666.67

续表

2010 年		凭证号数	摘　要	科目及子细目	借方金额	贷方金额
月	日					
4		4－2	预计本月应收利息	应收利息——阳光公司	1 350.00	
				持有至到期投资——利息调整——阳光公司债券		128.70
				投资收益		1 221.30
		4－3	预计本月应收利息	应收利息——通海公司	875.00	
				持有至到期投资——利息调整——通海公司债券	103.60	
				投资收益		978.60
6	30	5	将持有科维公司债券重分类为可供出售金融资产	可供出售金融资产——成本——科维公司债券	102 500.00	
				持有至到期投资——成本——科维公司债券		100 100.00
				应收利息——科维公司		2 000.00
				资本公积——其他资本公积		400.00
2011 年		1	收利债券利息	银行存款	16 200.00	
				应收利息——阳光公司		14 850.00
月	日			持有至到期投资——利息调整——阳光公司债券		128.70
3	31			投资收益		1 221.30
	31	2	收到债券利息	银行存款	10 500.00	
				持有至到期投资——利息调整——通海公司债券	103.60	
				应收利息——通海公司		9 625.00
				投资收益		978.60
4	15	3	出售阳光公司债券,收入存入银行	银行存款	185 394.42	
				持有至到期投资——成本——阳光公司债券		180 184.63
				持有至到期投资——利息调整——阳光公司债券		3 088.80
				投资收益		2 120.99
6	30	4	海通公司债券计提减值准备	资产减值损失——持有至到期投资减值损失	1 371.58	
				持有至到期投资减值准备——通海公司债券		1 371.58
7	10	5	出售海通公司债券,收入存入银行	银行存款	145 339.52	
				持有至到期投资减值准备——通海公司债券	1 371.58	
				持有至到期投资——利息调整——通海公司债券	3 418.95	
				投资收益	14.98	
				持有至到期投资——成本——通海公司债券		150 145.03

（二）用实际利率法计算各年应摊销的利息调整额。

阳光公司实际利率法利息调整额计算表（借方余额）

单位:元

付息期数	应计利息收入	实际利息收入	本期利息调整额	利息调整借方余额	债券账面价值（不含交易费用）
(1)	(2)＝面值×票面利率	(3)＝上期(6)×实际利率	(4)＝(2)－(3)	(5)＝上期利息调整余额－(4)	(6)＝面值＋(5)
购进时				4 633.20	184 633.20
1	16 200.00	14 770.66	1 429.34	3 203.86	183 203.86
2	16 200.00	14 656.31	1 543.69	1 660.17	181 660.17
3	16 200.00	14 539.83	1 660.17	0	180 000.00

通海公司实际利率法利息调整额计算表(贷方余额)

单位:元

付息期数	应计利息收入	实际利息收入	本期利息调整额	利息调整贷方余额	债券账面价值(不含交易费用)
(1)	(2)=面值×票面利率	(3)=上期(6)×实际利率	(4)=(3)-(2)	(5)=上期利息调整余额-(4)	(6)=面值-(5)
购进时				4 972.95	145 027.05
1	10 500.00	11 602.16	1 102.16	3 870.79	146 129.21
2	10 500.00	11 690.34	1 190.34	2 680.45	147 319.55
3	10 500.00	11 785.56	1 285.56	1 394.89	148 605.11
4	10 500.00	11 894.89	1 394.89	0	150 000.00

(三)根据实际利率法计算的结果,编制计提第一个月的利息和摊销利息调整额的会计分录。

会 计 分 录

2010 年 月	日	凭证号数	摘　要	科目及子细目	借方金额	贷方金额
4	30	4-2	预计本月应收利息	应收利息——阳光公司	1 350.00	
				持有至到期投资——利息调整——阳光公司债券		119.11
				投资收益		1 230.89
		4-3	预计本月应收利息	应收利息——通海公司	875.00	
				持有至到期投资——利息调整——通海公司债券	91.85	
				投资收益		966.85

习题三　练习可供出售金融资产的核算

会 计 分 录

2011 年 月	日	凭证号数	摘　要	科目及子细目	借方金额	贷方金额
3	1	1	购进股票	可供出售金融资产——成本——新兴公司股票	78 312.00	
				银行存款		78 312.00
	5	2	购进股票	可供出售金融资产——成本——安泰公司股票	97 896.00	
				应收股利——安泰公司	1 500.00	
				银行存款		99 396.00
	15	3	收到股利	银行存款	1 500.00	
				投资收益		1 500.00
	18	4	收到股利	银行存款	1 500.00	
				应收股利——安泰公司		1 500.00
	31	5	购进债券	可供出售金融资产——成本——开瑞公司债券	120 120.00	
				银行存款		120 120.00
	31	6-1	将股票低于公允价值的差额转账	资本公积——其他资本公积	1 000.00	
				可供出售金融资产——公允价值变动——新兴公司股票		1 000.00

续表

2011 年		凭证号数	摘 要	科目及子细目	借方金额	贷方金额
月	日					
		6-2	将股票高于公允价值的差额转账	可供出售金融资产——公允价值变动——安泰公司股票	4 500.00	
				资本公积——其他资本公积		4 500.00
4	25	7	出售股票	银行存款	106 074.00	
				可供出售金融资产——成本——安泰公司股票		97 896.00
				可供出售金融资产——公允价值变动——安泰公司股票		4 500.00
				投资收益		3 678.00
	30	8	计提股票减值损失	资产减值损失——投资减值损失	6 600.00	
				可供出售金融资产——公允价值变动——新兴公司股票		5 600.00
				资本公积——其他资本公积		1 000.00

习题四 练习长期股权投资初始成本的核算

会 计 分 录

2011 年		凭证号数	摘 要	科目及子细目	借方金额	贷方金额
月	日					
1	8	1	合并集团内的平城宾馆，取得该公司55%的股权	长期股权投资——成本	2 750 000.00	
				累计折旧	180 000.00	
				资本公积——资本溢价	78 000.00	
				盈余公积	52 000.00	
				固定资产		1 800 000.00
				银行存款		1 260 000.00
3	20	2	购入金门饭店50%的股权	长期股权投资——成本	2 250 000.00	
				商誉	44 000.00	
				累计折旧	180 000.00	
				固定资产		1 550 000.00
				银行存款		916 000.00
				营业外收入——非流动资产处置利得		8 000.00
5	25	3	购进大众公司股票	长期股权投资——成本	1 373 600.00	
				应收股利——大众公司	32 000.00	
				银行存款		1 405 600.00
	30	4	以发行股票方式取得三洋公司股权	长期股权投资——成本	9 643 200.00	
				股本		1 600 000.00
				资本公积——资本溢价		8 000 000.00
				银行存款		43 200.00

习题五 练习长期股权投资后续计量的核算

（一）远东饭店。

会 计 分 录

2010 年		凭证号数	摘 要	科目及子细目	借方金额	贷方金额
月	日					
6	30	1	购进中原公司股票	长期股权投资——成本	5903 520.00	
				银行存款		5 903 520.00

续表

2011 年		凭证号数	摘　要	科目及子细目	借方金额	贷方金额
月	日					
3	15	2	宣告发放现金股利	应收股利——中原公司	147 000.00	
				投资收益——股权投资收益		129400.00
				长期股权投资——成本		17 600.00
	25	3	收到现金股利，存入银行	银行存款	147 000.00	
				应收股利——中原公司		147 000.00
9	30	4	计提减值准备	资产减值损失——长期股权投资减值损失	517 480.00	
				长期股权投资减值准备		517 480.00
10	8	5	出售中原公司股票	银行存款	532 939.68	
				长期股权投资减值准备	51748.00	
				投资收益	3 904.32	
				长期股权投资——成本		588 592.00

（二）沪光宾馆。

会 计 分 录

2010 年		凭证号数	摘　要	科目及子细目	借方金额	贷方金额
月	日					
1	2	1	购入方圆宾馆40%股权	长期股权投资——成本	3 170 000.00	
				累计折旧	400 000.00	
				固定资产		2 500 000.00
				银行存款		1 050 000.00
				营业外收入——非流动资产处置利得		20 000.00
12	3	2	调整长期股权投资	长期股权投资——成本	30 000.00	
				营业外收入		30 000.00
	31	3	将方圆宾馆实现的净利润入账	长期股权投资——损益调整	352 000.00	
				投资收益		352 000.00
	31	4	将方圆宾馆资本溢价入账	长期股权投资——其他权益变动	72 000.00	
				资本公积——其他资本公积		72 000.00
2011 年		5	方圆宾馆宣告分配利润	应收股利	232 320.00	
3	15			长期股权投资——损益调整		232 320.00
	28	6	收到方圆宾馆分配的利润	银行存款	232 320.00	
				应收股利		232 320.00
7	31	7－1	出售方圆宾馆4%股权	银行存款	372 300.00	
				长期股权投资——成本		320 000.00
				长期股权投资——损益调整		11 968.00
				长期股权投资——其他权益变动		7 200.00
				投资收益		33 132.00
		7－2	结转该股权形成的资本公积	资本公积——其他资本公积	7 200.00	
				投资收益		7 200.00

第十章 负 债

思 考 题

一、是非题

1. × 2. √ 3. √ 4. × 5. √ 6. × 7. × 8. √ 9. ×

二、单项选择题

1. A 2. B 3. B

三、多项选择题

1. ABD 2. ABD 3. BCD 4. ACD 5. AD

实 务 题

习题一 练习流动负债的核算

会 计 分 录

2011 年 月	日	凭证号数	摘 要	科目及子细目	借方金额	贷方金额
6	1	1	向银行借入6个月期限的借款	银行存款	180 000.00	
				短期借款		180 000.00
	10	2	归还6个月前借入已到期借款	短期借款	160 000.00	
				银行存款		160 000.00
	15	3	提取现金备发职工薪酬	库存现金	72 042.00	
				银行存款		72 042.00
	15	4	发放本月职工薪酬	应付职工薪酬——工资	88 100.00	
				库存现金		72 042.00
				其他应付款——住房公积金		6 167.00
				其他应付款——养老保险费		7 048.00
				其他应付款——医疗保险费		1 762.00
				其他应付款——失业保险费		881.00
				应交税费——应交个人所得税		200.00
	25	5	分配各类人员薪酬	销售费用——职工薪酬	73 500.00	
				管理费用——职工薪酬	13 500.00	
				管理费用——劳动保险费	1 100.00	
				应付职工薪酬——工资		88 100.00

2011 年 月	日	凭证号数	摘　要	科目及子细目	借方金额	贷方金额
6	26	6	按工资总额的 14%、2% 和 1.5% 分别计提职工福利费、工会经费和职工教育经费	销售费用——职工薪酬	12 862.50	
				管理费用——职工薪酬	2 362.50	
				管理费用——劳动保险费	192.50	
				应付职工薪酬——职工福利		12 334.00
				应付职工薪酬——工会经费		1 762.00
				应付职工薪酬——职工教育经费		1 321.50
	27	7	按工资总额的 12% 计提医疗保险费	应付职工薪酬——职工福利	10 572.00	
				应付职工薪酬——社会保险费		10 572.00
	27	8	按工资总额的 3%、2% 和 7% 分别计提养老保险费、失业保险费和住房公积金	销售费用——职工薪酬	8 820.00	
				管理费用——职工薪酬	1 620.00	
				管理费用——劳动保险费	132.00	
				应付职工薪酬——社会保险费		4 405.00
				应付职工薪酬——住房公积金		6 167.00
	28	9	将本月应交的医疗保险费、养老保险费、养老保险费、失业保险费和住房公积金交纳给社保中心和公积金管理中心	应付职工薪酬——社会保险费	14 977.00	
				应付职工薪酬——住房公积金	6 167.00	
				其他应付款——住房公积金	6 167.00	
				其他应付款——养老保险费	7 048.00	
				其他应付款——医疗保险费	1 762.00	
				其他应付款——失业保险费	881.00	
				银行存款		37002.00
	29	10	职工报销学习科学文化学费和家属医药费、职工生活困难补助费	应付职工薪酬——职工教育经费	900.00	
				应付职工薪酬——职工福利	1 050.00	
				库存现金		1 950.00

习题二　练习长期借款的核算

会计分录

2009 年 月	日	凭证号数	摘　要	科目及子细目	借方金额	贷方金额
5	31	1	取得专门借款转入银行存款户	银行存款	480 000.00	
				长期借款——专门借款——本金		480 000.00
6	1	2	支付餐厅第一期工程款	在建工程——建筑工程——建造餐厅	350 000.00	
				银行存款		350 000.00
	30	3	预提本月份专门借款利息	在建工程——建筑工程——建造餐厅	3 200.00	
				长期借款——专门借款——利息		3 200.00
2010 年 3	日 31	4	收到尚未动用专门借款存入银行的利息收入	银行存款	878.00	
				在建工程——建筑工程——建造餐厅		878.00

续表

2010 年		凭证号数	摘　要	科目及子细目	借方金额	贷方金额
月	日					
3	31	5	支付餐厅第二期工程款	在建工程——建筑工程——建造餐厅 银行存款	178 000.00	178 000.00
4	30	6	预提本月专门借款利息和一般借款利息	在建工程——建筑工程——建造餐厅 长期借款——专门借款——利息 长期借款———般借款——利息	3 512.00	3 200.00 312.00
5	31	7	餐厅工程竣工，付清全部款项	在建工程——建筑工程——建造餐厅 银行存款	22 000.00	22 000.00
	31	8	餐厅已达到预定可使用状态，予以转账	固定资产 在建工程——建筑工程——建造餐厅	588 146.00	588 146.00
6	30	9	预提本月份专门借款利息	财务费用——利息支出 长期借款——专门借款——利息	3 200.00	3 200.00

习题三　练习应付债券的核算

（一）编制会计分录如下（康达旅行社）。

会 计 分 录

2008 年		凭证号数	摘　要	科目及子细目	借方金额	贷方金额
月	日					
5	28	1	支付债券发行费用	在建工程——建筑工程——建造营业厅 银行存款	8 100.00	8 100.00
	31	2	收到债券发行款	银行存款 应付债券——债券面值	540 000.00	540 000.00
6	1	3	支付建造营业厅第一期工程款	在建工程——建筑工程——建造营业厅 银行存款	300 000.00	300 000.00
	30	4	预提本月份债券利息	在建工程——建筑工程——建造营业厅 应付债券——应计利息	3 600.00	3 600.00
2009 年 8	31	5	收到尚未动用款项的利息收入	银行存款 在建工程——建筑工程——建造营业厅	2 430.00	2 430.00
	31	6	支付建造营业厅剩余工程款	在建工程——建造营业厅 银行存款	240 000.00	240 000.00
	31	7	建造营业厅已达预定可使用状态，根据工程决算转账	固定资产 在建工程——建筑工程——建造营业厅	599 670.00	599 670.00
2010 年 5	31	8	债券到期偿还本金并支付利息	应付债券——债券面值 应付债券——应计利息 财务费用——利息支出 银行存款	540 000.00 82 800.00 3 600.00	626 400.00

（二）计算债券的发行价、债券的溢价额和折价额。

1. 计算上海宾馆为建造客房、发行债券的发行价格。

按 8% 利率查得 3 年期的复利现值系数为 0.793 8，年金现值系数为 2.577 1。

债券发行价格 = 900 000 × 0.793 8 + 900 000 × 9% × 2.577 1 = 923 165.10（元）

计算结果表明，债券的发行价格为 923 165.10 元，溢价 23 165.10 元。

2. 计算凯达广告公司补充流动资金需要发行债券的发行价格。

债券发行价格 = 300 000 × 0.793 8 + 300 000 × 7% × 2.577 1 = 292 259.10（元）

计算结果表明，债券的发行价格为 292 259.10 元，折价 7 740.90 元。

（三）编制会计分录，利息调整额的摊销分别用直线法和实际利率法核算。

1. 上海宾馆

会 计 分 录

2009 年 月	2009 年 日	凭证号数	摘 要	科目及子细目	借方金额	贷方金额
6	28	1	支付债券发行费用	在建工程——建筑工程——建造客房 银行存款	13 500.00	13 500.00
	30	2	收到溢价发行债券全部款项	银行存款 应付债券——债券面值 应付债券——利息调整	923 165.10	900 000.00 23 165.10
7	8	3	支付建造客房第一期工程款	在建工程——建筑工程——建造客房 银行存款	500 000.00	500 000.00
	31	4 - 1	预提本月份债券利息	在建工程——建筑工程——建造客房 应付利息	6 750.00	6 750.00
		4 - 2	摊销本月份利息调整额（用直线法）	应付债券——利息调整 在建工程——建筑工程——建造客房	643.48	643.48
		4 - 2	摊销本月份利息调整额（用实际利率法）	应付债券——利息调整 在建工程——建筑工程——建造客房	595.57	595.57
2010 年 月 6	2010 年 日 30	5 - 1	支付投资者 1 年期债券利息	应付利息 在建工程——建筑工程——建造客房 银行存款	74 250.00 6 750.00	81 000.00
		5 - 2	摊销本月份利息调整额（用直线法）	应付债券——利息调整 在建工程——建筑工程——建造客房	643.48	643.48
		5 - 2	摊销本月份利息调整额（用实际利率法）	应付债券——利息调整 在建工程——建筑工程——建造客房	595.57	595.57
	30	6	收到尚未动用款项的利息收入	银行存款 在建工程——建筑工程——建造客房	3 428.00	3 428.00

续表

2010 年		凭证号数	摘 要	科目及子细目	借方金额	贷方金额
月	日					
6	30					
	30	7	支付建造客房剩余工程款	在建工程——建筑工程——建造客房 银行存款	400 000.00	400 000.00
	30	8	建造客房已达预定可使用状态，根据工程决算转账	固定资产 在建工程——建筑工程——建造客房	983 350.30	983 350.30

利息调整贷方全额摊销计算表

金额：元

付息期数	票面利息	实际利息	利息调整摊销额	利息调整贷方余额	应付债券现值
(1)	(2) = 面值 × 票面利率	(3) = 上期(6) × 实际利率	(4) = (2) − (3)	(5) = 上期利息调整额 − (4)	(6) = 面值 + (5)
发行时				23 165.10	923 165.10
1	81 000.00	73 853.21	7 146.79	16 018.31	916 018.31
2	81 000.00	73 281.46	7 718.54	8 299.77	908 299.77
3	81 000.00	72 700.23	8 299.77	0	900 000.00

第一年各月的利息调整摊销额 = 7 146.79 ÷ 12 = 595.57(元)

2. 凯达广告公司

会 计 分 录

2009 年		凭证号数	摘 要	科目及子细目	借方金额	贷方金额
月	日					
6	28	1	支付债券发行费用	财务费用 银行存款	4 500.00	4 500.00
	30	2	收到折价发行债券全部款项	银行存款 应付债券——利息调整 应付债券——债券面值	292 259.10 7 740.90	300 000.00
7	31	3 - 1	预提本月债券利息	财务费用——利息支出 应付利息	1 750.00	1 750.00
		3 - 2	摊销本月份利息调整额（用直线法）	财务费用——利息支出 应付债券——利息调整	215.03	215.03
		3 - 2	摊销本月份利息调整额（用实际利率法）	财务费用——利息支出 应付债券——利息调整	198.40	198.40
2010 年		4 - 1	支付投资者 1 年期债券利息	应付利息 财务费用——利息支出 银行存款	19 250.00 1 750.00	21 000.00
月	日					
6	30					
		4 - 2	摊销本月份利息调整额（用直线法）	财务费用——利息支出 应付债券——利息调整	215.03	215.03
		4 - 2	摊销本月份利息调整额（用实际利率法）	财务费用——利息支出 应付债券——利息调整	198.40	198.40

利息调整借方余额摊销计算表

金额：元

付息期数	票面利息	实际利息	利息调整摊销额	利息调整借方余额	应付债券现值
(1)	(2) = 面值 × 票面利率	(3) = 上期(6) × 实际利率	(4) = (3) − (2)	(5) = 上期利息调整 − (4)	(6) = 面值 − (5)
发行时				7 740.90	292 259.10
1	21 000.00	23 380.73	2 380.73	5 360.17	294 639.83
2	21 000.00	23 571.19	2 571.19	2 788.98	297 211.02
3	21 000.00	23 788.98	2 788.98	0	300 000.00

第一年各年的利息调整摊销额 = 2 380.79 ÷ 12 = 198.40(元)

习题四　练习长期应付款的核算

会 计 分 录

2010 年 月	2010 年 日	凭证号数	摘　要	科目及子细目	借方金额	贷方金额
1	2	1	支付融资租赁游艇发生的初始直接费用	固定资产——融资租入固定资产 　银行存款	2 200.00	2 200.00
	2	2	融资租入游艇已达到预定可使用状态，验收使用	固定资产——融资租入固定资产 未确认融资费用 　长期应付款——应付融资租赁款	185 546.20 55 453.80	241 000.00
	31	3	用直线法摊销本月未确认的融资费用	财务费用——利息支出 　未确认融资费用	770.19	770.19
12	31	4	支付本年度游艇的租金	长期应付款——应付融资租赁款 　银行存款	40 000.00	40 000.00
6 年后		5 − 1	支付游艇购买价款	长期应付款——应付融资租赁款 　银行存款	1 000.00	1 000.00
		5 − 2	取得游艇的所有权，予以转账	固定资产生产经营用固定资产 　固定资产——融资租入固定资产	187 746.20	187 746.20

习题五　练习预计负债的核算

会 计 分 录

2010 年 月	2010 年 日	凭证号数	摘　要	科目及子细目	借方金额	贷方金额
4	27	1	因合同违约诉讼案很可能败诉损失转账	营业外支出——赔偿支出 　预计负债——未决诉讼	105 000.00	105 000.00
	30	2	因被担保的泰安公司经营困难而可能承担还款责任的损失入账	营业外支出——赔偿支出 　预计负债——未决诉讼	99 600.00	99 600.00
6	15	3 − 1	支付诉讼费	管理费用——诉讼费 　银行存款	14 100.00	14 100.00

2010 年		凭证号数	摘 要	科目及子细目	借方金额	贷方金额
月	日					
6	15	3－2	将确认的合同违约赔偿款入账	预计负债——未决诉讼 其他应付款 营业外支出——赔偿支出	105 000.00	104 000.00 1 000.00
	25	4	支付合同违约赔偿款	其他应付款 银行存款	104 000.00	104 000.00
	30	5－1	支付诉讼费	管理费用——诉讼费 银行存款	12 500.00	12 500.00
		5－2	担保协议诉讼案法院判决本公司应承担还款连带责任	营业外支出——赔偿支出 预计负债——未决诉讼 其他应付款	200.00 99 600.00	99 800.00

第十一章　所有者权益

思　考　题

一、是非题

1. × 2. √ 3. √ 4. × 5. × 6. ×

二、单项选择题

1. C 2. D 3. B 4. C

三、多项选择题

1. ABD 2. ABC 3. ABC

实　务　题

习题一　练习投资者投入资本的核算

（一）安顺旅行社。

会 计 分 录

2009 年 月	2009 年 日	凭证号数	摘　要	科目及子细目	借方金额	贷方金额
1	5	1	鼎新公司投资拨入流动资金	银行存款 实收资本	316 000.00	316 000.00
	10	2	收到鼎新公司投入房屋 1 幢，已达预定可使用状态	固定资产 实收资本	745 000.00	745 000.00
	12	3	收到国外投资者投资美元	银行存款——外币存款 （$ 250 000 ×6.82） 实收资本	1 705 000.00	1 705 000.00
	20	4	收到鼎新公司投入的游艇 1 艘	固定资产 实收资本	234 000.00	234 000.00
2010 年 月 6	日 15	1	收到国外投资者增加的投资额	银行存款——外币存款 （$ 100 000 ×6.82） 实收资本 资本公积——资本溢价	682 000.00	545 600.00 136 400.00
	18	2	鼎新公司以某项非专利技术作为投资，并收到其投入现金，存入银行	银行存款 无形资产——非专利技术 实收资本 资本公积——资本溢价	408 000.00 160 000.00	454 400.00 113 600.00

（二）光华宾馆股份有限公司。

会计分录

2010 年		凭证号数	摘要	科目及子细目	借方金额	贷方金额
月	日					
		1	增发普通股，溢价发行款存入银行	银行存款	8 062 080.00	
				股本——普通股		960 000.00
				资本公积		7 102 080.00

习题二　练习库存股的核算

（一）荣欣宾馆股份有限公司。

会计分录

2009 年		凭证号数	摘要	科目及子细目	借方金额	贷方金额
月	日					
1	31	1	将本月职工提供服务应奖励的金额计入费用	销售费用	20 000.00	
				管理费用	11 250.00	
				资本公积——其他资本公积		31 250.00
3	5	2	购进本公司普通股	库存股	372 484.00	
				银行存款		372 484.00
2010 年		3	将库存股奖励给职工予以行权	资本公积——其他资本公积	375 000.00	
2	21			库存股		372 484.00
				资本公积——股本溢价		2 516.00

（二）新江旅游股份有限公司。

会计分录

2010 年		凭证号数	摘要	科目及子细目	借方金额	贷方金额
月	日					
1	8	1	购进本公司普通股	库存股	722 880.00	
				银行存款		722 880.00
3	5	2	购进本公司普通股	库存股	1 093 356.00	
				银行存款		1 093 356.00
	10	3	将收购本公司普通股全部予以注销	股本	300 000.00	
				资本公积——股本溢价	1 516 236.00	
				库存股		1 816 236.00

习题三　练习资本公积和盈余公积的核算

会计分录

2010 年		凭证号数	摘要	科目及子细目	借方金额	贷方金额
月	日					
12	5	1	收到淮海公司出资款	银行存款	480 000.00	
				实收资本		384 000.00
				资本公积——资本溢价		96 000.00

2010 年		凭证号数	摘　要	科目及子细目	借方金额	贷方金额
月	日					
12	8	2	收到国外投资者汇入美元	银行存款——外币存款（ $150 000 ×6. 80）	1 020 000. 00	
				实收资本		816 000. 00
				资本公积——资本溢价		204 000. 00
	31	3	将持有的安宝公司债券重分类为可供出售金融资产	可供出售金融资产——成本——安宝公司债券	152 998. 00	
				持有至到期投资——成本——安宝公司债券		145 145. 00
				持有至到期投资——应计利息——安宝公司债券		7 750. 00
				资本公积——其他资本公积		103. 00
	31	4	将持有的可供出售金融资产按公允价值予以转账	可供出售金融资产——公允价值变动——天平公司股票	2 761. 00	
				资本公积——其他资本公积		2 761. 00
	31	5	持有兴安公司 40% 股权的所有者权益增加予以转账	长期股权投资——其他权益变动	14 000. 00	
				资本公积——其他资本公积		14 000. 00
	31	6	按净利润 10% 计提法定盈余公积、6% 计提任意盈余公积	利润分配——提取法定盈余公积	47 500. 00	
				利润分配——提取任意盈余公积	28 500. 00	
				盈余公积——法定盈余公积		47 500. 00
				盈余公积——任意盈余公积		28 500. 00
	31	7	将资本公积，法定盈余公积和任意盈余公积转增资本	资本公积——资本溢价	180 000. 00	
				盈余公积——法定盈余公积	100 000. 00	
				盈余公积——任意盈余公积	50 000. 00	
				实收资本		330 000. 00

第十二章 期间费用和政府补助

思 考 题

一、是非题

1. × 2. √ 3. √ 4. ×

二、单项选择题

1. B 2. C 3. B

三、多项选择题

1. BCD 2. ABCD 3. ABD 4. ACD 5. AC

实 务 题

习题一 练习期间费用科目及其子目的划分

划分期间费用表

经 济 业 务	属于期间费用 应列入的科目、子目	不属于期间费用 应列入的科目
1. 支付接待外宾费用	管理费用——涉外费	
2. 分配本月份发放的业务经营业务人员薪酬	销售费用——经营人员薪酬	
3. 分配本月份发放的行政管理人员薪酬	管理费用——管理人员薪酬	
4. 支付业务部门照明电费	销售费用——水电费	
5. 摊销业务部门领用行李车的费用	销售费用——低值易耗品摊销	
6. 董事长预支差旅费		其他应收款
7. 预提本月份短期借款利息	财务费用——利息支出	
8. 支付财会部门保险箱修理费	管理费用——修理费	
9. 计提的固定资产减值准备		资产减值损失
10. 餐厅领用酒杯、盘子等餐具	销售费用——物料消耗	
11. 因业务需要而发生的快递费	销售费用——邮电费	
12. 支付明年的财产保险费		待摊费用
13. 支付企业因应诉发生的费用	管理费用——诉讼费	
14. 行政管理部门领用办公用品费用	管理费用——公司经费	
15. 支付招待客户而发生的费用	管理费用——业务招待费	
16. 支付为绿化而购买树木的账款	管理费用——绿化费	
17. 业务员出差回来报销差旅费	销售费用——差旅费	
18. 职工报销家属医药费		应付职工薪酬
19. 计提由企业行政管理部门负担的失业保险费	管理费用——管理人员薪酬	
20. 摊销行政管理部门领用办公桌的费用	管理费用——低值易耗品摊销	
21. 支付电视台宣传经营项目的广告费	销售费用——广告宣传费	
22. 支付业务部门大客车的修理费用	销售费用——修理费	

续表

经济业务	属于期间费用	不属于期间费用
	应列入的科目、子目	应列入的科目
23. 企业因办理结算支付给金融机构的手续费	财务费用——手续费	
24. 向咨询机构进行经营管理咨询的费用	管理费用——咨询费	
25. 支付经营账簿上使用的印花税款	管理费用——税金	
26. 支付给职工提供工作餐的费用	销售费用——工作餐费	
27. 支付排污费用	管理费用——排污费	

习题二　练习期间费用的核算

（一）编制会计分录。

会 计 分 录

2011年 月	2011年 日	凭证号数	摘　要	科目及子细目	借方金额	贷方金额
1	2	1	支付今年的财产保险费	待摊费用——保险费 银行存款	27 000.00	27 000.00
	3	2	业务员预支差旅费	其他应收款 库存现金	2 200.00	2 200.00
	5	3	支付电视台广告费	销售费用——广告宣传费 银行存款	1 520.00	1 520.00
	8	4	业务员报销差旅费，结清预支款	销售费用——差旅费 库存现金 其他应收款	2 080.00 120.00	2 200.00
	10	5	提取现金备发职工薪酬	库存现金 银行存款	60 690.00	60 690.00
	10	6	发放本月职工薪酬	应付职工薪酬——工资 库存现金 其他应付款——住房公积金 其他应付款——养老保险费 其他应付款——医疗保险费 其他应付款——失业保险费 应交税费——应交个人所得税	74 400.00	60 690.00 5 208.00 5 952.00 1 488.00 744.00 318.00
	12	7	提取本月固定资产折旧费	销售费用——折旧费 管理费用——折旧费 累计折旧	8 890.00 1 045.00	9 935.00
	16	8	摊销本月负担的保险费	销售费用——保险费 管理费用——保险费 待摊费用——保险费	1 650.00 600.00	2 250.00
	18	9 – 1	行政管理部门领用文件柜	低值易耗品——在用低值易耗品 低值易耗品——库存低值易耗品	900.00	900.00
		9 – 2	按五五摊销法摊销	管理费用——低值易耗品摊销 低值易耗品——低值易耗品摊销	450.00	450.00
	20	10	支付电费	销售费用——水电费 管理费用——水电费 银行存款	1 800.00 750.00	2 550.00

续表

2011 年		凭证号数	摘 要	科目及子细目	借方金额	贷方金额
月	日					
1	21	11	支付查账验资费用	管理费用——聘请中介机构费	1 720.00	
				银行存款		1 720.00
	23	12	业务部门报废行李车残值出售收到现金	库存现金	80.00	
				低值易耗品——低值易耗品摊销	625.00	
				销售费用——低值易耗品摊销	545.00	
				低值易耗品——在用低值易耗品		1 250.00
	24	13	支付联系业务的快递费	销售费用——邮电费	270.00	
				银行存款		270.00
	24	14	支付本月业务经营所发生的电信费	销售费用——邮电费	720.00	
				银行存款		720.00
	25	15	提取本月坏账准备	资产减值损失——坏账损失	305.00	
				坏账准备		305.00
	28	16	分配本月各类人员发放的职工薪酬	销售费用——经营人员薪酬	63 000.00	
				管理费用——管理人员薪酬	10 000.00	
				管理费用——劳动保险费	1 400.00	
				应付职工薪酬——工资		74 400.00
	29	17	按本月工资总额的 14%、2% 和 1.5% 分别计提职工福利费、工会经费和职工教育经费	销售费用——经营人员薪酬	11 025.00	
				管理费用——管理人员薪酬	1 750.00	
				管理费用——劳动保险费	245.00	
				应付职工薪酬——职工福利		10 416.00
				应付职工薪酬——工会经费		1 488.00
				应付职工薪酬——职工教育经费		1 116.00
	29	18	按本月工资总额的 12% 计提医疗保险费	应付职工薪酬——职工福利	8 928.00	
				应付职工薪酬——社会保险费		8 928.00
	29	19	按本月工资总额的 3%、2% 和 7% 分别计提养老保险费、失业保险费和住房公积金	销售费用——经营人员薪酬	7 560.00	
				管理费用——管理人员薪酬	1 200.00	
				管理费用——劳动保险费	168.00	
				应付职工薪酬——社会保险费		3 720.00
				应付职工薪酬——住房公积金		5 208.00
	30	20	将本月应交纳的医疗保险费、养老保险费、失业保险费和住房公积金分别交纳给社保中心和公积金管理中心	应付职工薪酬——社会保险费	12 648.00	
				应付职工薪酬——住房公积金	5 208.00	
				其他应付款——住房公积金	5 208.00	
				其他应付款——养老保险费	5 952.00	
				其他应付款——医疗保险费	1 488.00	
				其他应付款——失业保险费	744.00	
				银行存款		31 248.00
	30	21	客房部领用客人使用的用品一批，行政管理部门领用办公用品一批，予以转账	销售费用——物料消耗	1 275.00	
				管理费用——公司经费	270.00	
				原材料——物料用品		1 545.00
	31	22	支付为绿化环境购入树木款	管理费用——绿化费	1 160.00	
				银行存款		1 160.00
	31	23	计提本月应负担的利息	财务费用——利息支出	1 680.00	
				预提费用——利息		1680.00
3	31	24	支付第一季度短期借款利息	预提费用——利息	3 270.00	
				财务费用——利息支出	1 710.00	
				银行存款		4 980.00

（二）根据编制的会计分录分别登记"销售费用"和"管理费用"明细账。

销售费用明细分类账

单位：元

2011 年		凭证号数	摘　要	保险费	水电费	广告宣传费	邮电费	差旅费	折旧费	低值易耗品摊销	物料消耗	经营人员薪酬	合　计
月	日												
1	5	3	支付电视台广告费			1 520							1 520
	8	4	业务员报销差旅费					2 080					2 080
	12	7	提取本月固定资产折旧费						8 890				8 890
	16	8	摊销本月负担的保险费	1 650									1 650
	20	10	支付电费		1 800								1 800
	23	12	业务部门报废行李车							545			545
	24	13	支付联系业务的快递费				270						270
	24	14	支付本月业务经营所发生的电信费				720						720
	28	16	分配经营人员工资									63 000	63 000
	29	17	计提职工福利费、工会经费和职工教育经费									11 025	11 025
	29	19	计提养老保险费、失业保险费和住房公积金									7 560	7 560
	30	21	客房部领用客人使用的用品								1 275		1 275
1	31		本月合计	1 650	1 800	1 520	990	2 080	8 890	545	1 275	81 585	100 335

管理费用明细分类账

单位：元

2011 年		凭证号数	摘　要	公司经费	管理人员薪酬	劳动保险费	聘请中介机构费	绿化费	水电费	折旧费	低值易耗品摊销	保险费	合　计
月	日												
1	12	7	提取本月固定资产折旧费							1 045			1 045
	16	8	摊销本月负担的保险费									600	600
	18	9 - 2	按五五摊销法摊销文件柜								450		450
	20	10	支付电费						750				750
	21	11	支付查账验资费用				1 720						1 720
	28	16	分配行政管理人员工资		10 000	1 400							11 400
	29	17	计提职工福利费、工会经费和职工教育经费		1 750	245							1 995
	29	19	计提养老保险费、失业保险费和住房公积金		1 200	168							1 368
	30	21	行政管理部门领用办工用品	270									270
	31	22	支付为绿化环境购入树木					1 160					1 160
1	31		本月合计	270	12 950	1 813	1 720	1 160	750	1 045	450	600	20 758

习题三　练习政府补助的核算

会 计 分 录

2011 年		凭证 号数	摘　要	科目及子细目	借方金额	贷方金额
月	日					
4	1	1	收到当地政府补助拨付环保设备 1 台，已验收使用	固定资产　　递延收益	84 000.00	84 000.00
	2	2	吸收中年残疾人员就业，收到地 方政府补助	银行存款　　递延收益	86 400.00	86 400.00
	30	3	吸收的残疾人员预计工作 9 年， 确认本月份收入	递延收益　　营业外收入——政府补助	800.00	800.00
5	31	4 - 1	计提本月份环保设备折旧费	销售费用——折旧费　　累计折旧	1 400.00	1 400.00
		4 - 2	确认本月份收益	递延收益　　营业外收入——政府补助	1 400.00	1 400.00

第十三章 税金和利润

思 考 题

一、是非题

1. × 2. √ 3. √ 4. √ 5. × 6. × 7. √ 8. ×

二、单项选择题

1. A 2. C 3. B 4. D

三、多项选择题

1. ABC 2. AD 3. ABC

实 务 题

习题一 练习税金和教育费附加的核算

（一）淮海宾馆。

会计分录

2010 年 月	2010 年 日	凭证号数	摘 要	科目及子细目	借方金额	贷方金额
2	28	1	计提应交营业税	营业税金及附加 　应交税费——应交营业税	30 600.00	30 600.00
	28	2	将本月应交未交的增值税入账	应交税费——应交增值税——转出未交增值税 　应交税费——未交增值税——转入未交增值税	5 100.00	5 100.00
	28	3	计提城市维护建设税	营业税金及附加 　应交税费——应交城市维护建设税	2 499.00	2 499.00
	28	4	计提教育费附加	营业税金及附加 　应交税费——教育费附加	1 071.00	1 071.00
	28	5	将营业税金及附加结转本年利润	本年利润 　营业税金及附加	34 170.00	34 170.00
3	5	6	交纳上月的营业税、增值税、城市维护建设税和教育费附加	应交税费——应交营业税 应交税费——未交增值税——转入未交增值税 应交税费——应交城市维护建设税 应交税费——教育费附加 　银行存款	30 600.00 5 100.00 2 499.00 1 071.00	39 270.00

（二）太行饭店。

会 计 分 录

2010 年		凭证号数	摘　要	科目及子细目	借方金额	贷方金额
月	日					
2	28		计提本月应交增值税	主营业务收入——商品销售收入 应交税费——应交增值税	1 350.00	1 350.00

习题二　练习利润总额的核算

（一）编制会计分录。

会 计 分 录

2011 年		凭证号数	摘　要	科目及子细目	借方金额	贷方金额
月	日					
1	31	1	预提本月份短期借款利息	财务费用——利息支出 预提费用——利息	1 920.00	1 920.00
		2	摊销应由本月份负担的广告费	销售费用——广告宣传费 待摊费用	1 200.00	1 200.00
		3	计提营业税	营业税金及附加 应交税费——应交营业税	23 400.00	23 400.00
		4	计提城市维护建设税和教育费附加	营业税金及附加 应交税费——应交城市维护建设税 应交税费——教育费附加	2 340.00	1 638.00 702.00
		5	将损益类贷方余额的账户结转"本年利润"	主营业务收入 其他业务收入 公允价值变动损益 投资收益 营业外收入 本年利润	450 000.00 18 000.00 1 200.00 2 500.00 1 800.00	473 500.00
		6	将损益类借方余额的账户结转"本年利润"	本年利润 主营业务成本 其他业务成本 营业税金及附加 销售费用 管理费用 财务费用 资产减值损失 营业外支出	467 760.00	330 000.00 10 800.00 25 740.00 56 300.00 39 600.00 2 430.00 1 320.00 1 570.00

（二）登记"本年利润"账户。

本 年 利 润

单位：元

2011 年		凭证号数	摘　要	借　方	贷　方	借或贷	余　额
月	日						
1	31	5	主营业务收入转入 其他业务收入转入		450 000 18 000		

2011 年 月	日	凭证号数	摘　　要	借　　方	贷　　方	借或贷	余　　额
1	31	6	公允价值变动损益转入		1 200		
			投资收益转入		2 500		
			营业外收入转入		1 800		
			主营业务成本转入	330 000			
			其他业务成本转入	10 800			
			营业税金及附加转入	25 740			
			销售费用转入	56 300			
			管理费用转入	39 600			
			财务费用转入	2 430			
			资产减值损失转入	1 320			
			营业外支出转入	1 570		贷	5 740

习题三　练习所得税费用的核算

第一年：

本期所得税税额 = (540 000 + 18 800 × 40% − 12 500 + 4 570 + 8 080 + 81 000 − 150 000) × 25%

= 119 667.50(元)

递延所得税负债 = 150 000 × 25% = 37 500(元)

递延所得税资产 = (4 570 + 8 080 + 81 000) × 25% = 23 412.50(元)

所得税费用 = 119 667.50 + 37 500 − 23 412.50 = 133 755(元)

（1）根据计算的结果，将本年度所得税费用入账，作分录如下：

借：所得税费用 　　　　　　　　　　　　　　　　　　　133 755.00

借：递延所得税资产 　　　　　　　　　　　　　　　　　23 412.50

　　贷：应交税费——应交所得税 　　　　　　　　　　　119 667.50

　　　　递延所得税负债 　　　　　　　　　　　　　　　37 500.00

（2）将所得税费用结转"本年利润"账户，作分录如下：

借：本年利润 　　　　　　　　　　　　　　　　　　　　133 755.00

　　贷：所得税费用 　　　　　　　　　　　　　　　　　133 755.00

第二年：

本期所得税税额 = [600 000 + 19 600 × 40% − 16 000 + 4 710 + 9 690 − (150 000 − 15 000)] × 25%

= 117 810(元)

递延所得税负债 = (150 000 − 15 000) × 25% = 33 750(元)

递延所得税资产 = (4 710 + 9 690) × 25% = 3 600(元)

（1）根据计算的结果，将本年度所得税费用入账，作分录如下：

借：所得税费用（117 810 − 3 750 + 19 812.50）　　　　133 872.50

借：递延所得税负债（33 750 − 37 500）　　　　　　　　3 750.00

　　贷：应交税费 − 应交所得税 　　　　　　　　　　　117 810.00

　　贷：递延所得税资产（3 600 − 23 412.50）　　　　　19 812.50

（2）将所得税费用结转"本年利润"账户，作分录如下：

借：本年利润 　　　　　　　　　　　　　　　　　　　　　　　　　133 872.50

　　贷：所得税费用 　　　　　　　　　　　　　　　　　　　　　　　　133 872.50

习题四　练习利润的核算

会计分录

2010 年 月	日	凭证号数	摘要	科目及子细目	借方金额	贷方金额
11	30	1	将损益类贷方余额的账户结转本年利润	主营业务收入 其他业务收入 公允价值变动损益 投资收益 营业外收入 　本年利润	830 000.00 15 000.00 1 800.00 3 750.00 1 920.00	 852 470.00
		2	将损益类借方余额的账户结转本年利润	本年利润 　主营业务成本 　其他业务成本 　营业税金及附加 　销售费用 　管理费用 　财务费用 　资产减值损失 　营业外支出	783 670.00	 555 000.00 12 000.00 30 800.00 135 200.00 42 600.00 3 690.00 1 880.00 2 500.00
		3	确认本月份所得税额	所得税费用 　应交税费——应交所得税	17 200.00	 17 200.00
		4	将所得税费用结转本年利润	本年利润 　所得税费用	17 200.00	 17 200.00
12	10	5	交纳上月确认的所得税额	应交税费——应交所得税 　银行存款	17 200.00	 17 200.00
	25	6	预交本月份所得税额	应交税费——应交所得税 　银行存款	16 500.00	 16 500.00
	31	7	清算本度应交所得税额	所得税费用（17 050 − 2 950 + 2 630） 递延所得税负债（8 850 − 11 800） 　应交税费——应交所得税 　递延所得税资产（3 150 − 5 780）	16 730.00 2 950.00	 17 050.00 2 630.00
	31	8	将所得税费用结转本年利润	本年利润 　所得税费用	16 730.00	 16 730.00
2011 年 月 1	日 12	9	清缴上年度所得税额	应交税费——应交所得税 　银行存款	550.00	 550.00

清算和清缴所得税额的算式：

本年所得税额 $= [736\,000 + 22\,500 \times 40\% - 9\,000 + 2\,760 + 9\,840 - (118\,000 - 82\,600)] \times 25\%$

$\qquad\qquad\quad = 178\,300$（元）

本月所得税额 $= 178\,300 - 161\,250 = 17\,050$（元）

递延所得税负债 $= (118\,000 - 82\,600) \times 25\% = 8\,850$（元）

递延所得税资产 $= (2\,760 + 9\,840) \times 25\% = 3\,150$（元）

应清缴所得税额 $= 17\,050 - 16\,500 = 550$（元）

习题五 练习利润分配的核算

（一）华阳广告公司。

会 计 分 录

2009 年 月	日	凭证号数	摘　要	科目及子细目	借方金额	贷方金额
12	31	1	按净利润提取法定盈余公积和任意盈余公积	利润分配——提取法定盈余公积 利润分配——提取任意盈余公积 　盈余公积——法定盈余公积 　盈余公积——任意盈余公积	550 000.00 440 000.00	 550 000.00 440 000.00
		2	按净利润分配给投资者利润	利润分配——应付股利 　应付股利——沪江公司 　应付股利——华生公司	3 850 000.00	 2 695 000.00 1 155 000.00
2010 年 月 1	日 18	3	支付给投资者利润	应付股利——沪江公司 应付股利——华生公司 　银行存款	2 695 000.00 1 155 000.00	 3 850 000.00
2	15	4	上年度多提折旧予以调整	累计折旧 　以前年度损益调整	16 000.00	 16 000.00
	22	5	按25%税率调整上年度应交所得税	以前年度损益调整 　应交税费——应交所得税	4 000.00	 4 000.00
	22	6	将以前年度损益调整结转利润分配	以前年度损益调整 　利润分配——未分配利润	12 000.00	 12 000.00
	25	7	按调整净利润数额计提法定盈余公积和任意盈余公积	利润分配——未分配利润 　盈余公积——法定盈余公积 　盈余公积——任意盈余公积	2 160.00	 1 200.00 960.00

（二）张江宾馆股份有限公司。

会 计 分 录

2010 年 月	日	凭证号数	摘　要	科目及子细目	借方金额	贷方金额
12	31	1	按净利润计提法定盈余公积	利润分配——提取法定盈余公积 　盈余公积——法定盈余公积	366 000.00	 366 000.00
		2	按净利润计提任意盈余公积	利润分配——提取任意盈余公积 　盈余公积——任意盈余公积	183 000.00	 183 000.00
2011 年 月 3	日 10	3	宣告发放现金股利	利润分配——应付普通股股利 　应付股利	500 000.00	 500 000.00
	24	4	分派普通股股票股利予以转账	利润分配——转作股本的股利 　股本——普通股	1 500 000.00	 1 500 000.00
	24	5	分派普通股现金股利予以转账	应付股利 　银行存款	500 000.00	 500 000.00

第十四章　财务报表

思 考 题

一、是非题

1. √　2. ×　3. √　4. ×　5. ×　6. ×　7. √　8. √　9. ×　10. ×

二、单项选择题

1. B　2. B　3. A　4. D　5. D

三、多项选择题

1. ABCD　2. ACD　3. BD　4. AB　5. ACD　6. ACD　7. ABC

实 务 题

习题一　练习财务报表的编制

（一）编制资产负债表。

编制单位：东南宾馆

资产负债表

2010 年 12 月 31 日

会企 01 表

单位：元

资　　产	行 次	期末余额	年初余额	负债和所有者权益（或股东权益）	行 次	期末余额	年初余额
流动资产：				流动负债：			
货币资金	1	185 000	172 500	短期借款	56	120 000	110 000
交易性金融资产	2	90 000	80 000	交易性金融负债	57		
应收票据	3	18 000	16 000	应付票据	58	18 500	18 700
应收账款	4	246 000	238 000	应付账款	59	76 000	75 100
预付款项	5	30 000	27 000	预收款项	60	8 000	7 500
应收利息	6	6 000	4 000	应付职工薪酬	61	20 750	19 900
应收股利	7			应交税费	62	19 850	18 900
其他应收款	8	12 000	11 000	应付利息	63		
存货	9	379 000	366 000	应付股利	64	282 000	256 500
一年内到期的非流动资产	21	60 000	55 000	其他应付款	65	8 000	9 000
其他流动资产	24	30 000	27 900	一年内到期的非流动负债	70	45 000	40 000
流动资产合计	31	1 056 000	997 400	其他流动负债	71		
非流动资产：				流动负债合计	75	598 100	555 600

续表

资 产	行次	期末余额	年初余额	负债和所有者权益 （或股东权益）	行次	期末余额	年初余额
可供出售金融资产	32			非流动负债：			
持有至到期投资	33	100 000	95 000	长期借款	81	150 000	150 000
长期应收款	34			应付债券	82	560 000	500 000
长期股权投资	35			长期应付款	83		
投资性房地产	36			专项应付款	84		
固定资产	37	2 582 000	2 507 000	预计负债	85		
在建工程	38	145 600	72 200	递延所得税负债	95	12 500	15 000
工程物资	39			其他非流动负债	96		
固定资产清理	40			非流动负债合计	98	722 500	665 000
无形资产	43	60 000	70 000	负债合计	100	1 320 600	1 220 600
开发支出	44			所有者权益（或股东权益）			
商誉	45			实收资本（或股本）	101	2 400 000	2 200 000
长期待摊费用	46	48 000	54 000	资本公积	102	29 600	229 600
递延所得税资产	47	5 600	7 600	减：库存股	103		
其他非流动资产	48			盈余公积	104	155 280	95 120
非流动资产合计	50	2 941 200	2 805 800	未分配利润	105	91 720	57 880
				所有者权益（或股东权益）合计	106	2 676 600	2 582 600
资产总计	55	3 997 200	3 803 200	负债和所有者权益 （或股东权益）总计	110	3 997 200	3 803 200

（二）编制利润表。

编制单位：东南宾馆

利润表
2010 年 12 月

会企02 表
单位：元

项 目	行 次	本月金额	本年累计金额
一、营业收入	1	260 000	3 000 000
减：营业成本	2	59 100	685 000
营业税金及附加	3	14 300	165 000
销售费用	4	78 100	919 200
管理费用	5	58 600	698 000
财务费用	6	2 800	32 800
资产减值损失	7	1 120	12 800
加：公允价值变动收益（损失的"－"号填列）	9	135	1 600
投资收益（损失的"－"号填列）	10	1 865	13 600
其中：对联营企业和合营企业的投资收益	11		
二、营业利润（亏损以"－"号填列）	15	47 980	502 400
加：营业外收入	16	900	8 600
减：营业外支出	17	1 080	11 000
其中：非流动资产处置损失	18		
三、利润总额（亏损总额以"－"号填列）	20	47 800	500 000

续表

项 目	行 次	本月金额	本年累计金额
减：所得税费用	21	10 950	124 000
四、净利润（净亏损以"－"号填列）	22	36 850	376 000
五、每股收益：	23		
（一）基本每股收益	24		
（二）稀释每股收益	25		

（三）编制利润分配表。

利润分配表

编制单位：东南宾馆　　　　　2010 年度　　　　　会企 02 表附表 1　单位：元

项 目	行 次	本年实际金额	上年实际金额
一、净利润	1	376 000	342 000
加：年初未分配利润	2	57 880	27 100
减：盈余公积补亏	4		
二、可供分配的利润	8	433 880	369 100
减：提取法定盈余公积	9	37 600	34 200
提取职工奖励及福利基金	11		
提取储备基金	12		
提取企业发展基金	13		
利润归还投资	14		
三、可供投资者分配的利润	16		
减：应付优先股股利	17		
提取任意盈余公积	18	22 560	20 520
应付现金股利或利润	19	282 000	256 500
转作资本（或股本）的普通股股利	20		
四、未分配利润	25	91 720	57 880

（四）编制现金流量表。

现金流量表

编制单位：东南宾馆　　　　　2010 年度　　　　　会企 03 表　单位：元

项 目	行 次	本年金额
一、经营活动产生的现金流量：		
销售商品、提供劳务收到的现金	1	2 995 200
收到的税费返还	3	
收到其他与经营活动有关的现金	8	1 930
经营活动现金流入小计	9	2 997 130
购买商品、提供劳务支付的现金	10	715 860
支付给职工以及为职工支付的现金	12	361 150
支付的各项税费	13	295 830

项　目	行　次	本年金额
支付其他与经营活动有关的现金	18	891 280
经营活动现金流出小计	20	2 264 120
经营活动产生的现金流量净额	21	733 010
二、投资活动产生的现金流量：		
收回投资收到的现金	22	94 000
取得投资收益收到的现金	23	10 200
处置固定资产、无形资产和其他长期资产收回的现金净额	25	70 370
处置子公司及其他营业单位收到的现金净额	26	
收到其他与投资活动有关的现金	28	
投资活动现金流入小计	29	174 570
购建固定资产、无形资产和其他长期资产支付的现金	30	561 200
投资支付和现金	31	106 000
取得子公司及其他营业单位支付的现金净额	32	
支付其他与投资活动有关的现金	35	
投资活动现金流出小计	36	667 200
投资活动产生的现金流量净额	37	-492 630
三、筹资活动产生的现金流量：		
吸收投资收到的现金	38	95 000
取得借款收到的现金	40	120 000
收到其他与筹资活动有关的现金	43	
筹资活动现金流入小计	44	215 000
偿还债务支付的现金	45	142 000
分配股利、利润或偿付利息支付的现金	46	294 280
支付其他与筹资活动有关的现金	52	100
筹资活动现金流出小计	53	436 380
筹资活动产生的现金流量净额	54	-221 380
四、汇率变动对现金及现金等价物的影响	55	-1 500
五、现金及现金等价物净增加额	56	17 500
加：期初现金及现金等价物余额	57	217 500
六、期末现金及现金等价物余额	58	235 000
补 充 资 料	行　次	本年金额
1. 将净利润调节为经营活动现金流量：		
净利润	59	376 000
加：资产减值准备	60	12 800
固定资产折旧	61	347 500
无形资产摊销	62	10 000
长期待摊费用摊销	63	6 000
处置固定资产、无形资产和其他长期资产的损失（收益以"-"号项列）	64	-2 370
固定资产报废损失	65	
公允价值变动损失（收益以"-"号填列）	66	-1 600
财务费用	67	31 380
投资损失（收益以"-"号填列）	68	-13 600

续表

项　　目	行　次	本年金额
递延所得税资产减少（增加以"－"号填列）	69	2 000
递延所得税负债增加（减少以"－"号填列）	70	－2 500
存货的减少（增加以"－"号填列）	71	－13 000
经营性应收项目的减少（增加以"－"号填列）	72	－19 500
经营性应付项目的增加（减少以"－"号填列）	73	2 000
其他	74	－2 100
经营活动产生的现金流量净额	75	733 010
2. 不涉及现金收支的投资和筹资活动：		
债务转为资本	76	
一年内到期的可转换公司债券	77	
融资租入固定资产	78	
3. 现金及现金等价物净增加情况：		
现金的期末余额	79	185 000
减：现金的期初余额	80	172 500
加：现金等价物的期末余额	81	50 000
减：现金等价物的期初余额	82	45 000
现金及现金等价物增加额	83	17 500

编制现金流量表有关行次数据具体计算如下：

行次 $1 = 3\,000\,000 + 10\,200 + 16\,000 + 238\,000 + 8\,000 - 18\,000 - 246\,000 - 7\,500 - 5\,500$
$= 2\,995\,200$（元）

行次 $8 = 2\,930 + 6\,600 - 7\,600 = 1\,930$（元）

行次 $10 = 685\,000 + 8\,160 + 4\,700 + 10\,100 + 1\,780 + 820 + 379\,000 - 366\,000 + 18\,700$
$+ 75\,100 + 30\,000 - 18\,500 - 76\,000 - 27\,000 - 10\,000 = 715\,860$（元）

行次 $13 = 165\,000 + 5\,240 + 18\,900 + 204 + 4\,550 - 19\,850 - 187 - 3\,800 + 2\,023 + 123\,750$
$= 295\,830$（元）

行次 $18 = 919\,200 + 698\,000 + 32\,800 + 11\,000 - 280\,000 - 22\,320 - 296\,000 - 6\,000 - 4\,700$
$- 10\,100 - 72\,000 - 5\,580 - 51\,500 - 10\,000 - 5\,240 - 1\,780 - 820 - 29\,780 - 100$
$- 1\,500 - 3\,300 + 30\,000 + 7\,200 - 6\,200 = 891\,280$（元）

行次 $22 = 80\,000 - 55\,000 + 70\,000 - 1\,000 = 94\,000$（元）

行次 $23 = 1\,600 + 13\,600 + 4\,000 + 1\,000 - 6\,000 - 4\,000 = 10\,200$（元）

行次 $25 = 72\,000 - 1\,630 = 70\,370$（元）

行次 $30 = 490\,500 + 150\,000 + 7\,300 - 76\,600 - 10\,000 = 561\,200$（元）

行次 $31 = 90\,000 + 80\,000 - 60\,000 - 4\,000 = 106\,000$（元）

行次 $45 = 110\,000 + 40\,000 - 8\,000 = 142\,000$（元）

行次 $46 = 256\,500 + 29\,780 + 10\,000 + 8\,000 - 10\,000 = 294\,280$（元）

行次 $72 = 16\,000 + 238\,000 + 27\,000 + 11\,000 - 18\,000 - 246\,000 - 30\,000 - 12\,000 - 5\,500$
$= -19\,500$（元）

行次 $73 = 18\,500 + 76\,000 + 8\,000 + 20\,750 + 19\,850 + 8\,000 - 18\,700 - 75\,100 - 7\,500$
$- 19\,900 - 18\,900 - 9\,000 = 2\,000$（元）

（五）编制所有者权益变动表。

编制单位：东南宾馆

所有者权益变动表
2010 年度

会企 04 表
单位：元

项　　目	行次	本年金额						上年金额					
		实收资本（或股本）	资本公积	库存股（减项）	盈余公积	未分配利润	所有者权益合计	实收资本（或股本）	资本公积	库存股（减项）	盈余公积	未分配利润	所有者权益合计
一、上年年末余额	（略）	2 200 000	229 600		95 120	57 880	2 582 600	2 000 000	229 600		40 400	27 100	2 297 100
加：会计政策变更													
前期差错更正													
二、本年年初余额		2 200 000	229 600		95 120	57 880	2 582 600	2 000 000	229 600		40 400	27 100	2 297 100
三、本年增减变动金额（减少以"－"号填列）					60 160	33 840					54 720	30 780	
（一）净利润							376 000						342 000
（二）直接计入所有者权益的利得和损失													
1. 可供出售金融资产公允价值变动净额													
2. 权益法下被投资单位其他所有者权益变动的影响													
3. 与计入所有者权益项目相关的所得税影响													
4. 其他													
上述（一）和（二）小计													
（三）所有者投入和减少资本													
1. 所有者投入资本								200 000					200 000
2. 股份支付计入所有者权益的金额													
3. 其他													
（四）利润分配													
1. 提取盈余公积													
2. 对所有者（或股东）的分配							282 000						256 500
3. 其他													
（五）所有者权益内部结转													
1. 资本公积转增资本（或股本）		200 000	－ 200 000										
2. 盈余公积转增资本（或股本）													
3. 盈余公积弥补亏损													
4. 其他													
四、本年年末余额		2 400 000	29 600		155 280	91 720	2 676 600	2 200 000	229 600		95 120	57 880	2 582 600

习题二 练习财务报表的分析

一、偿债能力分析

（一）短期偿债能力分析。

1. 流动比率 $= \dfrac{1\,056\,000}{598\,100} \times 100\% = 176.56\%$

这一比率较接近 200%，表明该宾馆有一定的短期偿债能力，企业的流动资产在清偿流动负债后，剩余的部分仍能组织企业各项经营业务的正常进行。

2. 速动比率

速动资产 $= 1\,056\,000 - 379\,000 - 30\,000 = 647\,000$（元）

速动比率 $= \dfrac{647\,000}{598\,100} \times 100\% = 108.18\%$

这一比率已超过了 100%，表明该宾馆有能力迅速偿还流动负债。

（二）长期偿债能力分析。

资产负债率 $= \dfrac{1\,320\,600}{3\,997\,200} \times 100\% = 33.04\%$

这一比率表明该宾馆经营资金主要是投资者所有，财务状况良好，企业有足够的资产来偿还其全部债务，使债权人放心，但仅有 33.04% 的经营资金是从社会筹集的，表明企业的筹资能力一般。

二、营运能力分析

1. 应收账款周转率

应收账款平均余额 $= \dfrac{1}{2} \times (246\,000 + 238\,000) = 242\,000$（元）

应收账款周转率 $= \dfrac{3\,000\,000}{242\,000} = 12.40$（次）

这一应收账款周转率表明该宾馆的应收账款变现速度较快。

2. 存货周转率

存货平均余额 $= \dfrac{1}{2} \times (379\,000 + 366\,000) = 372\,500$（元）

存货周转率 $= \dfrac{685\,000}{372\,500} = 1.84$（次）

这一存货周转率表明该宾馆的存货周转速度一般，存货周转的速度越快，表明这部分资金运用越好。

3. 流动资产周转率

流动资产平均余额 $= \dfrac{1}{2} \times (1\,056\,000 + 997\,400) = 1\,026\,700$（元）

流动资产周转率 $= \dfrac{3\,000\,000}{1\,026\,700} = 2.92$（次）

这一流动资产周转率表明该宾馆流动资产的使用效率一般，流动资产营运能力也一般。

三、盈利能力分析

1. 营业利润率和营业净利率

$$营业利润率 = \frac{502\ 400}{3\ 000\ 000} \times 100\% = 16.75\%$$

$$营业净利率 = \frac{376\ 000}{3\ 000\ 000} \times 100\% = 12.53\%$$

这一指标反映了该宾馆每 100 元营业收入能获得营业利润 16.75 元，净利润 12.53 元，营业利润率和营业净利率越高表明企业盈利能力越强。

2. 净资产收益率

$$所有者权益平均余额 = \frac{1}{2} \times (2\ 676\ 600 + 2\ 582\ 600) = 2\ 629\ 600 （元）$$

$$净资产收益率 = \frac{376\ 000}{2\ 629\ 600} \times 100\% = 14.30\%$$

这一指标反映了该宾馆每 100 元净资产能获得净利润 14.30 元，净资产收益率越高表明企业净资产的盈利能力越强。该指标是投资者考虑对企业是否进行再投资的重要资料。

3. 总资产报酬率

$$总资产平均余额 = \frac{1}{2} (3\ 997\ 200 + 3\ 803\ 200) = 3\ 900\ 200 （元）$$

$$总资产报酬率 = \frac{500\ 000 + 29\ 780}{3\ 900\ 200} \times 100\% = 13.58\%$$

这一指标反映了该宾馆每 100 元总资产能获得报酬 13.58 元，总资产报酬率越高，表明企业总资产的盈利能力越强。

考 试 题

考试题一

题　号	一	二	三	四	五	总　分
得　分						

一、是非题（每小题 1 分，共 10 分）

1. √　2. ×　3. √　4. ×　5. ×　6. ×　7. ×　8. √　9. ×　10. √

二、单选选择题（每小题 2 分，共 16 分）

1. D　2. C　3. B　4. C　5. A　6. D　7. D　8. B

三、多项选择题（每小题 2 分，共 16 分）

1. BD　2. ABCD　3. BC　4. ABC　5. ABD　6. AC　7. BCD　8. ACD

四、分录题（每小题 2 分，其中第（一）部分第 1、第 19 小题 4 分，共 48 分）

（一）上海凯乐宾馆。

```
1-1   借：应收账款——客房部                          2 3410.00
          贷：主营业务收入——客房业务——房费           19 800.00
          贷：主营业务收入——客房业务——餐饮费          3 390.00
          贷：主营业务收入——客房业务——小酒柜            220.00

1-2   借：银行存款                                   24 320.00
      借：财务费用                                       60.00
          贷：应收账款——客房部                         24 380.00

2.    借：原材料                                      4 320.00
      借：主营业务成本——餐饮业务                      1 400.00
          贷：银行存款                                  5 720.00

3.    借：银行存款                                    1 920.00
          贷：预收账款——餐饮部                          1 920.00

4.    借：银行存款                                   20 097.00
      借：财务费用                                      203.00
      借：预收账款——餐饮部                            1 920.00
          贷：主营业务收入——餐饮业务——食品销售收入     19 200.00
          贷：主营业务收入——餐饮业务——饮料销售收入      3 020.00

5.    借：银行存款——美元户（＄19 800×6.80）          134 640.00
          贷：预收账款——芝加哥旅游公司                134 640.00

6.    借：预收账款——芝加哥旅游公司                    134 640.00
      借：应收账款——芝加哥旅游公司（＄29 700×6.80）   201 960.00
          贷：主营业务收入——组团外联收入              336 600.00
```

7. 借：银行存款——美元户（ $ 29 700×6.79）   201 663.00
    借：财务费用——汇兑损失   297.00
      贷：应收账款——芝加哥旅游公司   201 960.00

8. 借：固定资产   42 375.00
      贷：实收资本   42 375.00

9. 借：销售费用——折旧费   390.00
      贷：累计折旧   390.00

10-1   借：低值易耗品——在用低值易耗品   2 000.00
        贷：其他货币资金——银行本票   2 000.00

10-2   借：管理费用——低值易耗品摊销   1 000.00
        贷：低值易耗品——低值易耗品摊销   1 000.00

11. 借：在途物资   30 000.00
    借：应交税费——应交增值税——进项税额   5 100.00
      贷：应付票据   35 100.00

12. 借：库存商品   30 000.00
      贷：在途物资   30 000.00

13. 借：银行存款   20 928.00
    借：财务费用——手续费   72.00
      贷：主营业务收入——商品销售业务   21 000.00

14. 借：交易性金融资产   108 000.00
    借：投资收益   432.00
      贷：银行存款   108 432.00

15. 借：银行存款   113 544.00
      贷：交易性金融资产   108 000.00
      贷：投资收益   5 544.00

16. 借：应付职工薪酬——工资   126 000.00
      贷：其他应付款——住房公积金   8 820.00
      贷：其他应付款——养老保险费   10 080.00
      贷：其他应付款——医疗保险费   2 520.00
      贷：其他应付款——失业保险费   1 260.00
      贷：应交税费——应交个人所得税   60.00
      贷：库存现金   103 260.00

17. 借：主营业务成本——餐饮业务   32 560.00
      贷：原材料——粮食类   5 060.00
      贷：原材料——干货类   27 500.00

18. 借：资产减值损失——坏账损失   2 600.00
      贷：坏账准备   2 600.00

19. 本年所得税额 = [600 000 + 20 000×40% − 11 000 + 3 200 + 8 000 − (120 000 −
           36 000)] ×25% = 131 050（元）

    本月所得税额 = 131 050 − 118 000 = 13 050（元）

    递延所得税负债 = （120 000 − 36 000）×25% = 21 000（元）

　　递延所得税资产＝（3 200＋8 000）×25%＝2 800（元）

借：所得税费用（13 050＋2 150－3 000）	12 200.00
借：递延所得税负债（21 000－24 000）	3 000.00
贷：递延所得税资产（2 800－4 950）	2 150.00
贷：应交税费——应交所得税	13 050.00

（二）黄浦广告公司

1. 借：银行存款	10 000.00
贷：预收账款——新欣服装公司	10 000.00
2. 借：预收账款——新欣服装公司	10 000.00
借：应收账款——新欣服装公司	15 000.00
贷：主营业务收入——广告制作收入	25 000.00
3. 借：银行存款	32 500.00
贷：主营业务收入——广告发布收入	17 500.00
贷：应收账款——新欣服装公司	15 000.00

五、计算题（10分）

1. 用加权平均法计算原材料耗用成本（3分）。

$$加权平均单价＝\frac{2\ 400＋2\ 910＋2\ 739－48}{500＋600＋550－10}＝4.8787（元）$$

期末结存＝230×4.8787＝1 122.10（元）

本期发出原材料成本＝2 440＋2 910＋2 739－48－1 122.10＝6 918.90（元）

2. 计算利润表项目的金额（4分）。

营业利润＝320 000＋15 000－62 000－8 600－18 000－108 100－55 000－2 760－2 060＋1 500＋6 000＝85 980（元）

利润总额＝85 980＋1 880－2 700＝85 160（元）

3. 计算现金流量表项目的金额（3分）。

销售商品、提供劳务收到的现金＝335 000＋17 000＋12 000＋116 000－13 500－121 000＋3 500＝349 000（元）

考 试 题 二

题　号	一	二	三	四	五	总　分
得　分						

一、是非题（每小题1分，共10分）

1. √　2. ×　3. ×　4. √　5. √　6. ×　7. ×　8. ×　9. √　10. ×

二、单项选择题（每小题2分，共16分）

1. B　2. C　3. A　4. C　5. D　6. D　7. C　8. C

三、多项选择题（每小题2分，共16分）

1. ACD　2. BCD　3. ACD　4. ACD　5. ABCD　6. BD　7. ABD　8. ABC

四、分录题（每小题2分，其中第21题4分，共48分）

1. 借：预付账款——新光公司	14 040.00

贷：银行存款		14 040.00
2-1. 借：低值易耗品——库存低值易耗品		35 100.00
贷：预付账款		14 040.00
贷：银行存款		21 060.00
2-2. 借：销售费用——低值易耗品摊销		10 530.00
贷：低值易耗品——库存低值易耗品		10 530.00
3-1. 借：预收账款——客房部		24 600.00
贷：专营业务收入——客房业务——房金		21 100.00
贷：主营业务收入——客房业务——餐饮类		3 500.00
3-2. 借：银行存款		24 538.00
借：财务费用		62.00
贷：预收账款——客房部		24 600.00
4. 借：库存现金		36.00
借：管理费用——低值易耗品摊销		264.00
借：低值易耗品——低值易耗品摊销		300.00
贷：低值易耗品——在用低值易耗品		600.00
5. 借：银行存款		52 500.00
贷：预收账款——旅游部		52 500.00
6. 借：预付账款——美国旅游公司 (27 000×6.80)		183 600.00
贷：银行存款		183 600.00
7. 借：预收账款——旅游部		218 750.00
贷：主营业务收入——旅游业务		218 750.00
8. 借：银行存款		174 45.00
借：财务费用		50.00
借：待处理财产损溢——待处理流动资产损溢		5.00
贷：主营业务收入——餐饮业务——食品销售收入		14620.00
贷：主营业务收入——餐饮业务——饮料销售收入		2880.00
9. 借：在建工程——安装中央空调		117 550.00
贷：银行存款		117 550.00
10-1. 借：在建工程——安装中央空调		1 800.00
贷：银行存款		1 800.00
10-2. 借：固定资产——生产经营用固定资产		119 350.00
贷：在建工程——安装中央空调		119 350.00
11. 借：库存商品——食品柜		50000.00
借：应交税费——应交增值税——进项税额		6 120.00
贷：银行存款		42 120.00
贷：商品进销差价——食品柜		14 000.00
12-1. 借：商品进销差价——食品柜		792.00
贷：库存商品——食品柜 [(30－23.40) ×120]		792.00
12-2. 借：资产减值损失——存货跌价损失		1 320.00
贷：存货跌价准备		1 320.00

13. 借：长期股权投资——成本   2 515 000.00

       借：累计折旧   240 000.00

         贷：固定资产   1 200 000.00

         贷：营业外收入——非流动资产处置利得   15 000.00

         贷：银行存款   1 540 000.00

14. 借：长期股权投资——成本   35 000.00

         贷：营业外收入   35 000.00

15. 借：长期股权投资——损益调整   243 000.00

         贷：投资收益   243 000.00

16. 借：销售费用——职工薪酬   118 000.00

       借：管理费用——职工薪酬   17 600.00

         贷：应付职工薪酬——工资   135 600.00

17. 借：销售费用——职工薪酬   34 810.00

       借：管理费用——职工薪酬   5 192.00

         贷：应付职工薪酬——职工福利   18 984.00

         贷：应付职工薪酬——工会经费   2 712.00

         贷：应付职工薪酬——职工教育经费   2 034.00

         贷：应付职工薪酬——社会保险费   6 780.00

         贷：应付职工薪酬——住房公积金   9 492.00

18. 借：主营业务成本——北京旅游公司——综合服务成本   34 800.00

       借：主营业务成本——北京旅游公司——地游及加项成本   1 120.00

       借：主营业务成本——北京旅游公司——劳务成本   1080.00

         贷：银行存款   37 000.00

19. 借：商品进销差价——食品柜   57 728.00

         贷：主营业务成本——商品销售业务——食品柜   57 728.00

20. 借：应交税费——应交所得税   12 500.00

         贷：银行存款   12 500.00

21. 本年所得税额 $= [620\,000 + 21\,000 \times 40\% + 9\,200 - 8\,800 + 5\,200 + 7\,600 - (105\,000 - 52\,500)] \times 25\% = 147\,275$ （元）

     本月所得税额 $= 147\,275 - 134\,500 = 12\,775$ （元）

     递延所得税负债 $= (105\,000 - 52\,500) \times 25\% = 13\,125$ （元）

     递延所得税资产 $= (5\,200 + 7\,600) \times 25\% = 3\,200$ （元）

     借：所得税费用（12 775 - 2 625 - 250）   9 900.00

     借：递延所得税负债（13125 - 15750）   2 625.00

     借：递延所得税资产（3200 - 2950）   250.00

       贷：应交税费——应交所得税   12 775.00

22. 借：利润分配——提取法定盈余公积   47 560.00

       借：利润分配——应付现金股利或利润   356 700.00

         贷：盈余公积   47 560.00

         贷：应付股利——昌平公司   214 020.00

         贷：应付股利——星海公司   142 680.00

23. 借：应交税费——应交所得税　　　　　　　　　　　　　275.00

　　　贷：银行存款　　　　　　　　　　　　　　　　　　　　　　　275.00

五、计算题（10分）

1. 制定饮食制品的销售价格（每小题2分，共4分）。

（1）销售毛利率法。

$$清蒸鳜鱼的销售价格 = \frac{78}{1-48\%} = 150（元）$$

（2）成本毛利率法。

$$清蒸鳜鱼的销售价格 = 78 \times (1+80\%) = 140.40（元）$$

2. 列明各账户余额所对应的资产负债表的项目（每小题0.5分，共3分）。

（1）"银行存款"账户余额　　　　　（货币资金）

（2）"原材料"账户余额　　　　　　（存　　货）

（3）"应收账款"明细账户贷方余额（预收账款）

（4）"累计折旧"账户余额　　　　　（固定资产）

（5）"本年利润"账户余额　　　　　（利润分配）

（6）"预付账款"明细账户贷方余额（应付账款）

3. 计算现金流量表项目的金额（3分）。

购买商品、接受劳务支付的现金 = 720 000 + 20 400 + 7 880 + 8 330 + 399 800 − 384 200 +

　　　　　　　　　　　　　　　　19 020 + 99 120 − 21 100 − 111 280 + 6 500

　　　　　　　　　　　　　　　= 764 470（元）